논어의 혼 1

오랜 잠에서 깨어날 것인가

논어의 혼 1

오랜 잠에서 깨어날 것인가

국학자료원

이 책을 삼가
청악 한영선 선생님께 바칩니다.

서문

　이 책은 논어의 어구 풀이 대신 그 정신을 천착하여 경전의 참뜻을 밝히려는 생각에서 시도되었습니다. 붓다나 노자 공자가 히말라야의 눈 덮인 봉우리들이라면 너나없이 우리 모든 해설자들은 어두운 골짜기와 같을 듯합니다. 그들이 말하는 것이 우리에게 도달한다해도, 그것은 그저 골짜기의 메아리 정도일 것입니다. 스스로 깨닫지 못하면 스승은 언제나 역설적인 존재로 남습니다.

　비유컨대, 우리가 경전을 푸는 것은 입신의 경지에 든 9단 기사의 기보를 5, 6급 수준의 동호인이 해설하는 것과 같습니다. 9단 기사의 기보는 다른 9단 기사만이 제대로 읽을 수 있을 것입니다. 이처럼 경전을 해설하는 일 또한 한 성인의 말씀을 다른 성인이 푸는 것이 최선이 아닐까 합니다. 그러나 성인들은 모두 자신의 각성 상태에 침잠할 뿐 다른 이에게는 별관심이 없습니다.

　다만 라즈니쉬가 수많은 동서 경전들을 해설하였으니, 그간 전통적인 경전 독법에 식상해온 이들에게는 일대 서광이 아닐 수 없습니다. 그의 강의는 경전 자체에 못지않은 진리의 메시지이기 때문입니다. 하지만 그는 붓다 노자 예수 등 거의 모든 성인을 망라하면서도 유독 공자의 말씀에 대해서는 단 한 구절도 언급하지 않았습니다.

그러나 우리에게 공자는 가장 중요한 스승 중의 한 사람이며, 더욱이 논어에 대한 관심은 이미 허다한 해설서들이 범람하고, 지난해만도 무려 30여종이 새로 간행되었을 정도로 여전히 뜨겁습니다. 우리는 삶의 궁극적인 물음을 추구하는 이 목마름을 풀어줄 만한 혁신적인 길잡이가 필요함을 절감합니다.

그 한 작은 시도로 라즈니쉬를 대신하는 심정에서, 진리의 백과사전을 방불케 하는 그의 강의록을 활용하여 이 전술傳述을 도모하게 되었습니다. 이렇게 깨달은이의 말씀으로 말씀을 새기는 이경치경以經治經의 방법으로써 감히 공자의 본의를 읽을 수 있기를 염원합니다.

여기서 우리의 입장은 방대한 자료를 섭렵하여 관련된 내용들을 탐색하고 재구성하여 충실하게 기록하는 필자筆者 정도입니다. 이는 시공 저 너머로부터 들려오는 낮은 소리를 겸허히 받아 적는 이른바 술이부작述而不作의 정신과 일맥상통하지 않을까 생각해 봅니다.

우리는 정중하게, 우리가 양식으로 삼은 책들을 간행한 출판사와 그 역자들에게 사의를 표하며, 이 시대 최고의 스승인 라즈니쉬에게는 더 없이 큰 경의를 바칩니다. 이들의 빛나는 업적이 없었던들 이 작업은 생심도 못하였을 것입니다.

다만, 일일이 출전을 밝히는 번거로움을 줄이고, 자료를 양해 없이 인용하는 등 관행에서 벗어난 점은 이 작업의 특성상 부득이하였음을, 다음 라즈니쉬의 말씀으로 미루어 이해해 주시기 바랍니다.

'사람들은 내가 한 말들을 가져다 쓰면서 나의 이름은
언급하지 않는다. 거기에는 어떤 해도 없다. 나의 이름이
중요한 것이 아니라 중요한 것은 내가 한 말이며, 나의 메
시지다. 만약 누군가 어떤 구절을 가져다 썼다면, 그 구절
은 그 책 전부보다 더 중요하다는 것이 증명될 것이다. 그
리고 나는 더욱더 많은 작가와 시인들이 그들이 할 수 있
는 한 많이 도용해 갔으면 좋겠다. 진리는 나의 재산이 아
니기 때문이다.'

이 책의 또 한 가지 중요한 특징은, 논어를 처음부터 마지막까지
하나도 빼지 않고 전부 해설하는 기계적인 방식을 지양하고, 현대인
들이 진리와 진실한 삶을 이해하는 데 도움이 될 만한 구절들만 발췌
하여 가급적 깊이 다루는 입장을 취한 점입니다. 이는 논어의 체제에
얽매이지 않고 논어를 이용하여 독자들의 정진에 도움이 되게 하는
데 무게를 두었기 때문입니다.

사실 논어의 방대한 내용은 공자 당시의 사람들을 위한 것이었습
니다. 그래서 현대에는 맞지 않거나 불요불급한 대목도 허다하므로
이를 모두 다루는 것은 결코 바쁜 현대인들의 입장을 배려한 것이라
할 수 없습니다. 그러나 그 핵심적인 구절들로 말하면, 이는 참으로
시대를 초월해 영원한 인류의 지혜에 해당한다고 할 만합니다. 그래
서 논어의 가치는 영원히 변치 않는 보석처럼 빛나는 것이지요.

이제 우리는 논어를 진부한 고서에서 현대 고전의 반열에 올려놓
으려 합니다. 헌 포도주 병에 새 포도주를 담는 것에 비유할 수 있을

지, 병은 낡았으나 포도주는 새 것입니다. 필자들로서는 오랜 각고 끝의 첫 결실이지만 더 갈고 다듬을 데가 적지 않을 것이므로, 강호 제현의 질정을 받아 계속 기워나가려 합니다.

2022년 4월 20일
김상대 · 성낙희

개정판 서문

　2008년 제1권을 시작으로 연년이 1권씩 2012년까지 논어의 혼 전5권을 완간하고, 되짚어 읽고 읽으며 소소한 오류들을 바로잡고 미흡한 부분들을 보강하여 그 수정본을 펴냅니다.

　그간 이 책은 혁신적인 방법으로 경서 해설의 신기원을 이루고 논어의 진가를 극대화하였다는 평가를 받아왔습니다, 이 책은 지식을 축적하는 학습서가 아니라 천천히 음미하며 그 정신에 침잠하는 지혜의 책입니다.

　지혜에 이르자면 지성을 일깨워야 합니다. 위대한 말씀들은 지식을 도구로 삼지 않습니다. 지식보다는 지성과 지혜가 요구됩니다. 논어는 인간을 지식의 노예가 되게 하는 것이 아니라 인간 본연의 지성으로 사람이 사람답고 삶이 삶답게 하는 데 길잡이가 되는 등불 같은 책입니다. 한 번 서둘러 읽고 덮어 두는 것이 아니고 책상머리에 두고 되풀이되풀이 그 의미를 숙고하고 묵상하는 책입니다.

이 시대에도 논어를 읽을 필요가 있는가? 이것은 우문입니다. 이 시대에도 읽을 만한 가치가 있는 논어는 어디 없는가? 이것이 현명한 질문입니다. 그 핵심 구절들은 시대를 초월하여 영원한 지혜의 근원이기 때문입니다.

이 책은 업그레이드된 논어 해설서일 뿐만 아니라 논어 자체를 업데이트한 점에서 원문 해석 위주의 허다한 기존의 논어 해설서들과는 근본적으로 그 지향이 다릅니다. 삶은 하나의 흐름이고 모든 것은 끊임없이 변합니다, 지혜도 진화하고 성장합니다. 사서 중 으뜸 고전인 논어가 진정한 현대의 고전으로 진화할 때 원본의 가치를 뛰어 넘어 더욱 빛나는 유산이 될 것입니다,

세상은 물질적으로 부유해지는 데 성공했습니다. 그러나 이것은 진화가 아닙니다. 사람들은 더욱 나빠졌습니다. 인간은 심히 탐욕스러워지고 물질적으로 되었습니다. 그리고 이제는 너무나 지치고 피곤해하고 있습니다. 그 여정은 인간의 모든 영혼을 앗아가 버렸습니다. 이제 우리는 더 늦기 전에 본심을 찾아서 각성하고 영혼의 갈증을 느껴야 할 것입니다.

개정판 제작에 최선을 다한 국학자료원과 우정민 과장의 노고에 감사하며, 정찬용 원장과의 오랜 세월 귀한 인연을 새삼 상기합니다,

2022년 9월 2일
성낙희 · 김상대

차례

일러두기

이 책은 하나의 교양서적으로보다 현대의 구도적인 삶에 이바지하는 조그만 안내서가 되기를 희망합니다. 그런 면에서 이 책은 단지 많은 사람에게 건성건성 읽히기보다 소수라도 다섯 번 열 번 읽으며 철저히 이해하고 인생의 좋은 반려로 활용하였으면 좋겠습니다.

도를 닦는 것, 즉 삶의 바른 길을 추구하는 것은 진정한 의미에서 종교와 같습니다. 여기서 종교란 많은 사람들이 안식처를 찾아 형식적으로 따르는 세속적인 종교를 뜻하는 것이 아니며, 각자가 자신의 도에 이를 수 있는 길에 대해서 진지한 관심을 갖는 것을 의미합니다.

우리는 독서를 에고의 양식으로 이용하기 일쑤입니다. 그러면 우리는 독서를 통해 지식에 갇혀 버릴 수 있습니다. 지식은 지혜가 아닙니다. 지혜는 지식과 아무 상관도 없습니다. 이 책을 통해 지식의 양을 증대시키려 한다면 이는 방향을 잘못 잡은 것입니다. 우리는 독서를 다른 길로 이용할 수 있습니다. 이때 독서는 삶의 다른 것들만큼이나 아름다운 것이 될 것입니다.

만일 우리가 정보를 얻기 위해서가 아니라 신성한 노래에 귀 기울이기 위하여 경전을 읽는다면, 이 신성한 노래는 단어 안에 있는 것이 아니라 단어들 사이에 있으며, 행 안에 있는 것이 아니라 행간에 있습니다. 이렇게 경전을 읽을 때 신성한 노래를 감상하듯이 한다면, 이때 독서는 엄청난 아름다움을 갖습니다.

우리는 독서를 하는 가운데에도 깬 상태로 주시하고 관찰합니다. 책 속으로 몰입하는 동시에 언덕 위에서 바라보는 사람처럼 일정한 간격을 두고 떨어져 있습니다. 그럼으로써 책을 통해 유용한 정보를 얻기보다 지혜를 그리고 나아가 영감을 받기를 희망합니다.

영감을 받는다는 것은 경전과 깊은 조화를 이룬다는 것이며, 그 경전과 더불어 명상의 상태로 들어가는 것을 의미합니다. 이것은 마음을 통해서가 아니라 우리 전체를 통해 이루어집니다. 이런 식으로 이 책을 읽는다면 우리의 피, 심장, 가슴, 우리 몸 안의 세포 전체가 논어를 읽고 있는 것입니다.

그러나 단순히 정보를 수집하는 차원에서 독서를 할 때는 우리의 머리가 거기에 있을 뿐 다른 것은 없습니다. 단순히 머리로만 읽는다면 머리는 계속해서 해석만을 내립니다. 물론 그 해석은 자신의 것이지 스승의 것이 아닙니다. 이때 우리는 지식만 키울 뿐 핵심을 놓칩니다. 우리는 수많은 말들을 기억할 것이지만 정수를 깨닫지 못합니다.

경전의 정수를 깨닫기 위해서는 굳이 처음부터 끝까지 다 읽을 필요가 없습니다. 이는 체계적인 지식을 습득하는 방법일 뿐입니다. 지혜의 정수는 어느 한 구절이라도 얼마나 깊이 이해하고 얼마나 뜨거운 가슴으로 받아들이느냐가 중요한 것입니다.

위대한 선승인 혜능은 금강경의 네 구절을 듣고 깨달았다고 합니다. 그는 시장거리를 걸어가고 있었습니다. 물건을 사러 가는 중이었고 깨달음에 대해서는 생각조차 하지 않고 있었습니다. 그런데 어떤 사람이 길가에서 금강경을 외고 있었습니다. 그 사람은 살아오면서 내내 금강경을 외고 다닌 사람이었습니다. 그는 학자였거나 앵무새였음에 틀림없습니다.

그때는 저녁이었습니다. 그때 혜능이 그곳을 지나갔습니다. 그는 단지 네 구절을 들었을 뿐입니다. 그는 갑자기 벙어리가 되었습니다. 그래서 밤이 새도록 그 자리에 서 있었다고 합니다. 금강경을 외던 사람도 들어갔고 시장은 모두 문을 닫았는데 그는 여전히 그곳에 서 있었습니다. 언제까지나 그렇게 그곳에 서 있었습니다.

날이 밝았을 때 그는 완전히 다른 사람이 되어 있었습니다. 그는 집으로 가지 않았습니다. 그는 산으로 갔습니다. 세상은 이제 그와는 상관이 없는 것이 되었습니다. 혜능은 틀림없이 마음이 매우 순수했을 것입니다.

혜능의 일화를 통해서 우리는 새삼 깨닫게 됩니다. 우리가 경전을 읽고 그것에 대해서 뭔가를 하지 않는다면, 이해는 아무 쓸데없는 것이며 그것은 삶의 낭비일 뿐입니다. 그것은 우리가 진짜로 이해하지 못했다는 뜻입니다. 이해는 행동이 필요하기 때문입니다.

만약 행동으로 나타나지 않는다면 우리는 단지 피상적인 지식만 얻었을 뿐 이해한 것이 아닙니다. 그것은 하나의 정보일 뿐입니다. 이해는 행동을 의미합니다. 우리가 어떤 것을 이해하면 즉시 그것을 행동에 옮기기 시작합니다.

경전 읽기는 일종의 예술을 터득하는 것입니다. 그것은 깊은 몰입의 상태로 들어가는 것이며, 전체적으로 참여하는 것입니다. 경전을 읽을 때 소설책을 읽듯이 한다면 핵심을 놓칠 것입니다. 이는 여러 층의 깊이를 갖고 있습니다. 그러므로 날마다 되풀이해서 읽어야 합니다. 이것은 단순한 반복이 아닙니다. 되풀이해서 읽는 법을 터득하면 그것은 결코 반복적인 행위가 아닙니다.

경전을 읽을 때는 '어제'를 개입시키지 말아야 합니다. 오늘 아침에 막 피어난 꽃송이를 보듯이 신선한 기분으로 책을 대하고, 아침 해가 떠오르듯이 새로운 마음으로 읽습니다. 그러면 완전히 새로운 의미가 드러날 것입니다. 이것은 어제와 상관없습니다. 이것은 오늘의 의미, 지금 이 순간의 의미를 가져다줍니다.

그러나 어제를 끌어들이면 새로운 의미를 읽을 수 없을 것입니다. 우리의 머리는 이미 과거에 습득한 낡은 의미들로 가득 차 있습니다. 그래서 이 책을 반복해서 읽는 것이 무슨 소용인가 하고 생각합니다. 이것은 부질없는 일이고, 짜증나고 권태로운 일로 여겨집니다. 이렇게 되면 경전을 읽음으로써 새로운 에너지를 충전하는 것은 불가능해집니다.

진심으로 한 여자를 사랑할 때 그녀는 날마다 새로워 보입니다. 경전을 읽는 것도 마찬가지입니다. 그것은 연애를 하는 것과 같습니다. 날마다 새롭습니다. 어구는 똑같지만 그 똑같은 어구가 날마다 새로운 의미를 전해줍니다. 똑같은 단어들이 날마다 다른 문을 통해 우리의 존재 안으로 침투합니다. 어떤 순간에는 똑같은 단어가 새로운 의미를 가져다줍니다.

의미는 단어에 담긴 것이 아니라 우리가 어떤 식으로 읽느냐에 따라 달라집니다. 우리 자신이 경전에 의미를 부여하는 것이지, 경전에 본래부터 어떤 의미가 담겨 있어서 그것을 우리에게 고정적으로 전달해 주는 것이 아닙니다. 하루를 더 살면 우리는 그만큼 더 많은 경험을 쌓습니다. 우리는 더 이상 똑같은 사람이 아닙니다. 경전은 변함이 없지만 우리는 똑같은 사람이 아닙니다. 24시간 동안에 강에는 얼마나 많은 물이 흘러갔겠습니까?

이 책을 이렇게 읽을 때 우리는 진정으로 구도적인 삶의 길로 들어선 자신을 발견할 것이며, 이 책은 그 소임을 다하는 영광을 누리게 될 것입니다.

1

참된 스승의 삶은 어떠한가

子曰 學而時習之 不亦說乎 有朋自遠方來 不亦樂乎
자왈 학이시습지 불역열호 유붕자원방래 불역락호

人不知而不慍 不亦君子乎
인부지이불온 불역군자호

공자가 말하였다. "배우고 때때로 익히면 또한 기쁘지 아니한가. 벗들이 먼 곳으로부터 찾아오면 또한 즐겁지 아니한가. 남들이 알아주지 않아도 원망하지 않으면 또한 군자가 아닌가."

주해 ───────────────

子 제자들이 스승을 높여 부른 말로 여기서는 공자를 가리킨다. ｜ **曰** 말하다 ｜ **學** 배우다 ｜ **而** 그리고 ｜ **時** 수시로, 때때로 ｜ **習** 익히다, 되풀이하여 행하다 ｜ **之** 이것 ｜ **亦** 또 ｜ **不亦 ~ 乎** '또한 ~ 아니한가' 라는 부정 의문형은 '참으로 ~다!'라고 하는 강한 긍정의 감탄을 나타낸다. ｜ **說** 기쁘다, '말하다'는 뜻일 때는 음이 [설]이고, 悅(기쁠 열) 대신으로 쓰일 때는 음 또한 [열]이다. ｜ **乎** 의문을 나타내는 허사 ｜ **朋** 벗 ｜ **自** ~부터 ｜ **遠方** 먼 지방 ｜ **來** 오다 ｜ **樂** 즐겁다 ｜ **人** 타인 ｜ **不知** 알아주지 아니하다 ｜ **慍** 성내다 ｜ **君子** 깨달음이 높은 이상적 인격자

學而時習之 不亦說乎 삶은 언제나 탐구와 도전이 되어야 하며, 결코 무사안일 속에서 무기력하게 세월만 보내는 것이 되어서는 안 됩니다. 그러나 대부분의 사람들은 평생을 단지 묵은 방식으로 살 뿐 새로운 그 어떤 것도 쉽게 받아들이지 못합니다. 옛것은 반복에 불과하여 권태롭고 단조롭습니다.

배운다는 것은 새것을 배우는 것을 의미합니다. 새것에 대한 탐구는 마치 미답의 땅으로 향하는 탐험과 같습니다. 미지의 세계로 들어가면 날마다 새로운 문이 열리고 새 통찰이 일어나며, 마침내 매 순간 새롭게 태어나고 있음을 깨닫게 될 것입니다. 인생에서 이보다 더 큰 보람과 희열은 없을 것입니다.

有朋自遠方來 不亦樂乎 요즘 대학생들은 세상에서 성공하기 위해서 경쟁에 시달리며, 지성을 개발하는 대신 지식의 습득에만 급급합니다. 그러나 옛날의 배움에 뜻을 둔 젊은이들은 스승을 찾아 사방에서 모여 들어, 그 곁에서 삶의 모든 것을 배웠습니다.

이런 공동체에서는 서로 경쟁하지 않고, 질투와 승부욕 없이 즐겁게 살았습니다. 이들의 모임은 지금의 대학보다 훨씬 느슨한 조직이긴 하나, 매우 자율적이고 즐거운, 살아 있는 모임이었습니다. 스승은 이런 모임의 중심에 위치하여 젊은이들의 활기찬 삶과 내적 성장을 바라보면서 한없는 보람을 느끼며 즐거워했습니다.

人不知而不慍 不亦君子乎 보통 사람들은 세속적으로 성공할수록 자만심이 커져서 더욱 큰 존경을 받기를 기대하게 되고, 그렇지 않으면 괴로워합니다. 그러나 내적 이해가 깊은 스승들은 다른 이에게서 자신을 알아주기를 구걸하지 않습니다.

그의 의미는 자기 존재 자체이므로 아무도 찾아오지 않을 때도 내적으로 충만하여 침묵과 평화를 즐길 수 있습니다. 지혜로운 자에게는 비난이나 칭찬이 아무 차이도 없습니다. 무지하고 깨어 있지 못한 사람들의 칭찬과 비난 둘 다 그들의 잠꼬대와 같기 때문입니다.

먼저 주해와 관련해 한 가지 여쭙겠습니다. 여기서 亦의 존재에 대한 해명은 없이, 그 의미만 번역되어 있어, 다소 아쉬운 감이 있습니다. 亦이 쓰인 배경은 어떻게 이해해야 할까요?

좋은 지적입니다. 이는 자칫 간과하기 쉬운데, 냉철하게 살펴볼 만한 문제입니다. 이 문제를 제대로 다루자면 주해에서는 번거롭기도 하고, 한자의 주해와는 무관한 내용도 있어, 본문에서 언급하는 것이 좋을 듯합니다.

이 문장은 보통 사람의 말이 아니며 공자와 같은 높은 의식을 지닌 스승의 말이므로, 亦이 쓰인 데는 어떤 특별한 의미가 내재해 있다고 보아야 할 것입니다. 어법상으로 '또한'은 그 앞에 어떤 것을 전제로 해서 하는 말인데, 그러면 의식이 높은 스승과 의식이 낮은 일반 사람들이 쓰는 '또한'의 전제는 어떻게 구분되는지 잠시 살펴보지요.

가령 '그녀는 마음도 착하고 또한 건강하다.'라는 예문을 보면, 여기서 '또한 건강하다'는 '마음도 착하다'는 사실을 전제로 하여 쓰인 것이지요. 이때 전제문(마음도 착하다)과 본문(건강하다)의 관계는 어느 것이 그 가치가 더 높거나 낮은 차원이 아닌 평등한 것으로, 말하자면 수평적 관계라 할 수 있습니다. 이것이 우리가 흔히 사용하는 '또한' 구문의 구조이지요.

그러나 공자가 여기서 亦이란 말을 쓰고자 했을 때는, 특별한 의도가 있었을 것으로 보아야 할 것입니다. 깨달은 이들은 되도록 말수를 줄여 한 마디라도 함부로 쓰지 않으며, 가급적 간략히 말하거나 침묵을 지키려 했으니까요. 그래서 여기서 '또한'이 쓰인 것은 어리석은 대중들을 깨우치려는 목적 같은 것이 있었을 것이라 보는 거지요.

보통 사람들이 기뻐하는 모습은 사전에 예시된 대로 대체로 이런 것들입니다. '선물을 받은 아이가 뛸 듯이 기뻐했다.' '어머니는 아버지의 승진 소식에 매우 기뻐하셨다.' '그는 수석 졸업을 아주 기뻐했다.' 이들은 모두 세속적이고 에고가 개입된 것입니다.

또한 보통 사람들은 학생 때만 억지로 참고 견디며 의무적으로 공부하고, 학교를 졸업하면 배우는 일도 졸업하는 것으로 알고, 계속해서 혹은 더욱 절실하게 배우려는 마음이 없습니다. 혹여 무엇을 배워야 할 경우가 생기면, 이는 기뻐해야 할 일이 아니라 고통스러운 일로 여깁니다.

이에 대해서 공자는 의식적인 삶, 보람 있는 삶, 인간다운 삶에서 참다운 배움이야말로 기뻐할 만한 일일 뿐 아니라, 진정으로 최고로 기쁜 일이 될 수 있음을 역설한 것입니다. 그래서 공자가 '또한'이란 말을 씀으로써 전제한 것은 보통 사람들이 일상으로 느끼는 세속적인 기쁨이며, 그 위에 참다운 기쁨이 있음을 일깨워주려 한 것입니다. 그래서 여기서의 전제문과 본문 간의 관계는 수평적이 아니라 수직적 관계임에 유의할 것입니다.

기쁨에는 여러 종류, 여러 차원이 있습니다. 지복은 가장 높은 차원의 기쁨입니다. 첫 번째 차원은 쾌락입니다. 그것은 동물적입니다. 두 번째는 행복입니다. 그것은 인간적입니다. 그리고 지복은 신적입니다. 지복은 구도자의 행선지입니다. 지복에 차 있을 때만이 우리는 우리 존재의 절정에 가 닿을 수 있고, 완전한 깨달음에 이르기 때문입니다. 인간은 3층으로 이루어진 건물입니다.

1층은 동물입니다. 그리고 그것은 그 나름대로 좋습니다. 거기에 잘못된 것은 아무것도 없으며, 스승들도 그것을 반대하지 않습니다. 그러나 그들은 모든 사람이 그보다 더 높은 것도 알기를 원합니다. 아래쪽을 기초로 삼아야 할 것이지만, 계속 거기에만 머물지는 말 것입니다. 2층을 지향하고, 궁극적으로는 3층까지도 염원해야 할 것입니다. 지복을 알게 됨으로써 자신의 신성을 알게 되고, 인간이 신임을 깨닫게 됩니다.

이것을 깨닫지 못한다면 삶은 여전히 불완전합니다. 그때 우리는 계속 좌절과 욕구불만 속에 남게 됩니다. 우리가 우리의 궁극에 닿을 때, 비로소 만족과 평화와 침묵이 존재합니다.

배우고 때때로 익히면 매우 기쁘다는 것은 일부 특별한 사람들만이 느끼는 정서이고, 대부분의 사람들은 이런 기쁨을 누리지 못하는 것이 사실입니다. 왜 그런지요?

배운다는 것은 안다는 것과 다릅니다. 다를 뿐만 아니라 상반되는 것입니다. 배운다는 것은 생생한 행위로서 배우는 순간 새로운 것을 경험 중인 것입니다. 앎 혹은 지식은 이미 배운 것을 버리지 않고 쌓아둔 것입니다.

대부분의 사람들은 배우는 일 자체보다는 많이 알기를 원하며, 세상은 지식을 소중하게 여깁니다. 배우면서 새로운 것을 경험하는 기쁨보다는 아는 것이 힘이라고 믿기 때문입니다. 지식이 많으면 좋은 대학, 좋은 직장에 갈 수 있고, 여러 경쟁에서도 유리합니다.

그러나 깨달은 이의 시각으로 보면, 지식은 가치 있는 것이 아니며, 세속적인 출세도 인생의 진정한 성취나 성공은 아닙니다. 다만 야망의 노예가 되어 인생을 낭비한 결과인 것입니다. 이런 사람들은 삶의 참 기쁨을 느끼지 못할 뿐 아니라, 갈수록 더 심한 갈증에 시달리며 욕망의 포로가 될 뿐이고, 큰 재력과 권력으로 인해 도리어 건강한 삶을 망치기 일쑤입니다.

결과보다 과정이 중요하다. 진실한 삶은 결코 지식을 통해 이루어지는 것이 아닙니다. 우리 각자는 유일한 개인으로 오로지 자신의 삶을 살아냄으로써 그 길을 발견할 수 있으며, 그것은 일생에 걸친 노력의 결실입니다.

아이들이 학교에서 산수 문제를 풀 때, 문제를 풀지 않고, 교과서 뒤에 있는 답을 베끼는 경우가 있습니다. 답은 정확하지만, 그것은 틀린 것입니다. 순서에 따라 풀지 않은 답이 어떻게 맞다 할 수 있나요. 답은 틀림없이 맞습니다. 아이는 5라고 썼습니다. 순서에 따라 푼 아이들도 5라고 썼습니다.

그러나 순서에 따라 문제를 푼 아이의 답과 해답란에서 답을 훔친 아이의 답 사이에는 근본적인 차이가 있습니다. 중요한 것은 답을 발견하는 것이 아니라 어떻게 그 답에 도달하는지를 배우는 것입니다. 책 뒤를 펼쳐본 아이는 산수를 배우지 못했습니다. 단지 답만을 얻었을 뿐이지요.

만약 우리가 어떤 이념이나 지식을 통해서 삶이 무엇인지 알았다면, 그것은 책 뒤에서 답을 베낀 것과 같습니다. 베낀 답에서는 결코 속에서부터 우러나오는 기쁨이나 지복을 발견할 수 없습니다. 내면으로부터 답이 꽃피어나는 과정을 통해서 지복은 얻어집니다.

그러나 우리의 마음은 언제나 더 쉬운 방법을 찾습니다. 만약 우리가 누군가가 이미 걸어 도달한 목적지로 실려 간다면 우리는 불구자인 채로 도착하게 될 것입니다. 다리는 걷는 것을 통해서 강해집니다.

목적지에 도달하는 것은 그다지 중요하지 않습니다. 정말로 중요한 것은 주어진 길을 걸으면서 보고 느끼고 체험하면서 강해지는 것입니다. 어딘가에 도달하는 것은, 거기 도달한 사람에게 일어난 변화만큼 중요하지 않습니다. 스스로 체험하면서 지성이 자라나기 시작할 때, 그리하여 내면에 봄이 올 때, 바로 그 날이 가장 위대한 기쁨의 날입니다.

그 여행은 힘들지만 할 만한 가치가 있습니다. 그리고 그것은 처음에만 힘들 뿐이지, 우리가 미지의 것에 대한 호기심과 미지의 세계 속에서 느끼는 즐거움과 미지의 세계에 대한 짜릿한 전율에 익숙해지면, 그것은 더 이상 힘들지 않습니다. 그때는 그 모든 순간이 너무나 아름답고, 너무나 기쁘고, 너무나 황홀하여, 어떠한 어려움도 뚫고 나갈 수 있습니다.

평생을 늘 배우는 자세로 사는 것學而時習이야말로 참으로 지혜로운 사람이 아니면 불가능할 것이란 생각이 듭니다. 어떻게 이런 일이 가능한지 좀 더 자세히 말씀해주실 수 있습니까?

학이시습學而時習이란 말은 오늘날 학습學習이란 단어로 압축되었고, 이는 으레 학생들의 일과로 간주되기 쉽습니다. 그러나 영어로 졸업commencement이 '시작'을 뜻하는 것은 의미심장합니다. 이는 학생들이 형식적인 학업을 마친 후에 진짜 학습이 시작되는 것을 암시합니다.

그리고 학교의 우등생이 사회의 우등생이 되지 못하는 많은 예를 통해, 우리는 삶의 학습이 책을 통한 학습의 연장선상에 있는 것이 아닐 뿐만 아니라 본질적으로 상반된 측면이 있음을 알 수 있습니다. 인생에서 배우고 익히는 일이 어찌 영어 단어나 수학 공식을 학습하는 것과 같을 수 있겠습니까?

삶은 근본적으로 지식과는 다른 차원입니다. 삶은 끊임없이 변합니다. 순간순간 변합니다. 그래서 삶은 언제나 새롭습니다. 그런데 지식인들은 과거의 지식으로 변화된 삶에 해답을 제시합니다.

그러니 그들의 해답은 틀릴 뿐 아니라 시대에 뒤처진 것일 수밖에 없지요. 삶은 결코 논리적인 현상이 아닌데 지식인은 논리로 삶을 살려합니다. 그래서 지식인은 삶에 잘 적응하지 못하지요. 삶은 논리 이상의 패러독스이며 신비인 것입니다.

결심보다 깨어있는 의식이 중요하다. 삶을 살아가는 데는 두 가지 방식이 있습니다. 수면상태로 사는 삶과 깨어 있는 삶이 그것이지요. 수면상태의 삶은 노화로 이어지다 죽음으로 끝납니다. 전 생애가 길고 지루한 죽음의 과정일 뿐입니다.

그러면 깨어있는 삶은 어떠할까요? 깨어있는 상태에서 하는 경험은 모두 지성이 됩니다. 왜냐하면 우리는 행위를 하는 자가 아니라 행위를 지켜보는 자이기 때문입니다. 단지 표면만 보는 게 아니라 현상의 깊이를 꿰뚫어봅니다. 그러면 이해가 깊어지고 매 순간 깨어 있는 삶을 살게 됩니다.

그때 내면 깊은 곳에서 변화가 일어나면서 각성의 눈이 더 커집니다. 실수를 하게 될 때조차 우리는 경험을 얻게 되고, 더 이상 같은 실수를 하지 않습니다. 성숙한 사람은 같은 실수를 반복하지 않지만 깨어있지 못한 사람은 똑같은 실수를 하고 또 할 수밖에 없습니다. 다람쥐 쳇바퀴 돌듯 실수 속에서 아무것도 배우지 못하면서 말입니다.

그대가 지금 어떤 문제에 대해서 화가 나 있다고 합시다. 그대는 같은 문제에 대해 어제도 화가 났고, 그저께도 화가 났고, 당연히 내일도 같은 문제에 대해 화가 날 수밖에 없습니다. 계속해서 화를 내고 후회합니다. 다시는 화를 내지 말아야겠다고 결심하고 또 화를 내고, 다시는 같은 실수를 반복하지 않겠다고 결심하지만 아무 소용이 없습니다. 결심은 아무것도 바꾸지 못합니다.

화가 날 때 깨어있는 의식을 가지고 화를 지켜보십시오. 화를 낸다는 것이 얼마나 어리석고 쓸모없는 짓인지 알 수 있게 되고 당연히 어리석고 쓸모없는 짓을 반복하지 않게 됩니다. 더 이상 화를 낼 수가 없지요. 분노는 죄가 아니라 어리석은 짓일 뿐입니다. 우리는 분노를 통해 우리 자신뿐만 아니라 다른 사람에게도 해악을 끼치게 됩니다. 아무런 이득도 없이 서로에게 상처만 입히고 맙니다.

의식이 깨어있는 사람은 똑같은 상황이 반복되더라도 결코 화를 내지 않습니다. 성숙한 사람은 절대로 화를 내지 않겠다는 결심을 하지 않습니다. 결심은 그가 아직 성숙하지 못하다는 뜻입니다. 성숙한 사람은 미래에 대해 미리 어떤 결정을 내리지 않고, 지금 이 순간을 살아갈 뿐입니다. 지금 이 순간의 삶이 내일을 결정합니다. 성숙한 사람은 오늘을 삽니다. 나머지는 스스로 일어나게 되어 있습니다.

분노는 우리에게 고통을 줍니다. 분노는 유해물질과 같아서 사람들은 지옥 같은 분노를 겪을 때마다 후회하고 결심을 합니다. 혹은 절이나 교회를 찾아가서 회개하기도 합니다. "저는 이제 신 앞에 맹세를 합니다. 앞으로 절대 화를 내지 않겠습니다." 그러나 이런 맹세가 무슨 소용이 있겠습니까. 분노가 유해하다는 것을 아는 순간 상황은 종결되고 분노의 모든 문이 닫힙니다. 마치 물거품처럼 분노가 사라져버리지요.

똑같은 상황이 내일 또 벌어지겠지만 우리는 결코 그 상황에 영향을 받지 않습니다. 이미 앞선 상황을 통해 교훈을 얻은 우리는 사람들이 흔히 바보처럼 시달리는 상황 전체를 보면서 가볍게 웃어넘기거나 심지어 즐길 수도 있습니다. 이해는 오직 경험을 통해서만 성장할 수 있습니다.

앎은 결코 완성되지 않는다. 이해는 어떤 특정한 일에 한해 한번으로 그쳐서는 안 됩니다. 매 순간 그렇게 해야 합니다. 매 순간 새로운 것이 문을 두드리기 때문입니다. 배움의 과정은 한평생 이어져야 합니다. 이해는 결코 완성되지 않기 때문이지요. 이해가 완성된다고 할 때 그 이해는 죽은 것이나 다름없습니다.

진심으로 배우는 기쁨을 누리고자 하는 사람은 결코 지식인으로 자족하고 자만하지 않습니다. 지식은 과거의 것입니다. 그러나 삶은 강물처럼 늘 새로운 세계로 흘러갑니다. 그래서 앎의 과정도 영원합니다. 만일 '나는 도달했다'고 생각한다면, 그 순간 모든 것이 기억이 되어 다시 지식의 형태로 전락해 버리고 맙니다.

지식이 주장될 때 삶은 멈춰집니다. 삶은 항상 미지에 있으며, 미지를 향해 있습니다. 지식을 주장하는 사람은 이론가, 학자이지 구도자가 아닙니다. 지혜로운 사람은 궁극적인 신비와 미지의 세계를, 무지無知를 축복으로 받아들입니다. 진리를 위해서는 무지가 진정한 빛이기 때문이지요.

많은 사람들은 최면에 걸린 것처럼 살아갑니다. 극히 일부의 사람들만이 깨어있는 의식을 가지고 적극적으로 살아갈 수 있습니다. 깨어있는 의식으로 살면 매 순간 배우면서 성숙해지고, 수면상태로 살면 매 순간 늙어갈 뿐입니다.

나이가 들어간다고 해서 결코 현명해지는 것은 아닙니다. 젊었을 때 바보 같았던 사람은 나이가 들어도 바보 같은 노인이 될 뿐이니, 나이가 들어간다고 해서 현명해진다고 생각하면 착각입니다. 로봇처럼 습관에 의존해서 살다 보면 젊었을 때보다 더 바보 같아질 수도 있습니다.

삶에서 배우고 익히면 기쁘고, 그렇지 않으면 괴로움을 겪는 것을 예를 들어 설명해 주실 수 있습니까?

배우고 때로 익히면 기쁘다는 것은, 배우고 익히지 않는 삶은 괴로울 것이라는 것을 암시합니다. 이런 관점에서 사랑의 문제를 생각해 봅시다. 오스카 와일드는 자서전에서 이렇게 썼지요. '여자 없이 살 수 없고, 여자와 함께 살 수도 없다는 것, 이것이 평생 동안의 문제가 되었다. 여자와 함께 살면 지옥이 만들어지고, 여자 없이 살면 여자에 대한 갈망이 생기며 여자가 있어야겠다는 생각을 하게 된다.'

여자와 함께 살 수도 없고, 여자 없이도 살 수 없습니다. 무엇이 문제일까요. 문제는 바로 사랑은 배워야 한다는 것입니다. 사랑은 창조적인 기술입니다. 사람은 사랑할 수 있는 능력을 갖고 태어나지 않습니다. 사랑은 음악과 같다고나 할까, 악기를 연주하는 법을 알고 태어나는 사람은 아무도 없습니다. 연주하는 법은 배워야 합니다. 악기가 복잡할수록 시간은 더 오래 걸릴 것입니다.

누군가가 저명한 피아니스트에게 물었습니다. "이제 당신은 음악의 거장이 되셨는데 아직도 연습을 하십니까?" 그가 대답했습니다. "물론이지요. 하루 연습을 하지 않으면 제 자신이 연주에 이상이 생기는 것을 알게 되지요. 이틀 연습을 하지 않으면 전문적인 관객들이 연주에 이상이 있다는 것을 알게 되지요. 사흘 연습을 하지 않으면, 모든 사람이 연주에 이상이 있다는 것을 알게 되지요." 그는 세계적으로 유명한 대음악가가 되었는데도 하루에 여덟 시간을 연습했습니다.

사랑하는 법을 배워야 한다. 그러나 이를 가르치는 곳이 없다. 사랑은 가장 위대한 음악입니다. 우리는 연인이라는 가장 복잡한 악기를 연주해야 합니다. 그런데 우리는 우리가 사랑할 수 있는 능력을 갖고 태어난다고 생각하기 때문에 그 악기를 파괴합니다. 사랑은 하나의 기술로, 삶의 가장 훌륭한 기술로 배워야 합니다. 그런 이유 때문에 사람들은 사랑에 대해 계속해서 말합니다. 그러나 사랑은 세상에서 가장 드문 것입니다. 거기에는 이유가 있습니다.

아이가 태어날 때 아이는 자기애自己愛만 갖고 있습니다. 자연스러운 것이지요. 아이는 다른 사람들은 모르고 자기 자신만을 아는, 가장 이기적이고, 가장 자기중심적인 존재입니다. 아이에게는 힘이 없기 때문에 모든 사람이 아이를 돌보아야 하고, 아이의 이런 행동은 당연한 것으로 여겨집니다.

아이가 울 때마다 어머니는 달려가서 아이에게 우유와 사랑을 주고, 아이의 에고는 더욱 커집니다. 그리고 이 어린 시절의 어리석음은 좀처럼 극복되지 못합니다. 그래서 여전히 자신이 중심이고 모든 사람이 자기를 돌보아야 한다고 생각하게 됩니다. 그러니 어떻게 사랑할 수 있겠습니까. 사랑이란 상대방이 중심이 되었다는 것을 뜻하는데 말입니다.

사랑은 매우 위대한 도약입니다. 더 이상 내가 중심이 아니고, 상대방이 중심이 되어서 상대방이 의미를 갖게 되고, 상대방을 돌보는 것이 행복이 됩니다. 그러나 이것은 결코 쉬운 일이 아닙니다. 남편은 어리고 아내도 어렵습니다. 그들은 여전히 내가 중심이고 상대방이 나를 돌보아야 한다고 생각합니다. 이 생각이 혼란을 만들고 이 생각이 고통과 지옥을 만듭니다. 사랑은 배워야 합니다. 사랑은 성장입니다. 에고를 버릴 수 있을 때에만 우리는 사랑할 수 있습니다.

성인들은 논리에 반대하지 않습니다. 그러나 우선순위는 있지요. 사랑이 먼저여야 하나 사람들은 그 반대로 합니다. 사랑을 가르치는 학교는 단 한 군데도 없습니다. 모든 곳에서 오직 논리만을 가르치고 학교는 모두 생각하는 법을 가르치기 위해 존재합니다.

더 섬세하게 느끼는 법과 더 사랑하는 법을 가르치는 곳은 아무 데도 없지요. 간단합니다. 수학을 가르치지 않으면 우리는 수학을 배우지 못할 것이고, 영어를 가르치지 않으면 영어를 배우지 못할 것이고, 사랑을 가르치지 않으면 우리는 사랑을 배우지 못할 것입니다.

여기서의 기쁨은 보통 사람들이 조그만 성취감에서 느끼는 기쁨과는 차원이 다른 것일 듯합니다. 높은 경지의 기쁨이란 어떤 것인지요?

이것은 우리가 크고 작은 세속적인 성취를 통해 느끼는 기쁨과는 달리 순수하고 깊습니다. 학생들도 1등하면 기분이 좋지요. 그러나 기분이 좋다는 것은 단지 기분이 좋은 것일 뿐, 이는 별 가치가 없습니다. 우리는 약이나 술에 의해서도 기분이 좋아질 수 있고, 심지어

도둑이나 노름꾼도 재수가 좋은 날은 기분이 좋을 수 있지요. 이는 단순히 결과에 기인하는 것입니다. 사람들은 적은 노력으로 큰 결실을 거두면 더욱 좋아하지만 이런 경제법칙은 진정한 삶에서는 독약과 같습니다.

진정한 삶은 오직 우리가 강렬히 살아있을 때만 가능합니다. 우리의 성취는 노력을 통해서만이 정점의 희열을 맛볼 수 있습니다. 우리는 많은 것을 누릴 수 있지만 노력 없이 주어진 것은 어떠한 의미도 우리에게 주지 못합니다. 삶에는 의식적인 노력이 필요합니다.

결과는 노력만큼 중요하지 않습니다. 노력은 그 자체에 깊은 의미가 있으니, 단순히 신으로부터 주어지는 축복은 불가능할 뿐만 아니라 무의미합니다. 우리는 축복을 받기 위해 노력해야지요. 노력을 통해서만 다가오는 축복을 받을 수 있는 자격을 갖추게 됩니다.

삶의 의미를 찾는 사람들은 제자리에 정체되어서는 안 됩니다. 그들은 고정된 사물이 아니라 하나의 과정으로 존재하는 법을 배워야 합니다. 인간과 사물을 구별 짓는 가장 뚜렷한 차이점은, 사물은 항상 변함없이 똑같다는 것입니다. 동물들은 완결된 상태로 태어나기 때문에 성장하지 않고 단지 나이를 먹을 뿐입니다.

인간은 진보하고 성장할 수 있는 유일한 존재입니다. 인간은 나이를 먹는데 그치지 않고 새로운 차원으로 의식을 성장시킵니다. 인간은 완성되지 않은 유일한 존재입니다. 이는 인간에 대한 저주가 아니라 인간의 영광입니다. 그러나 실제로 이를 누리는 사람은 참으로 드뭅니다.

많은 사람들이 13, 4세쯤 되면 완결된 상태로 안주하여, 더 이상 성장하지 못하고 아이들의 의식 수준에 머물러 있다고 합니다. 오직 극소수의 사람만이 각각의 기회를 성장을 위한 도전으로 변화시키면서 끝없이 진보하는 과정 속에서 살아가는데, 이런 끊임없는 각성의 성장 속에서 느끼는 보람이 참된 기쁨입니다.

앞에서 '배움에 비해서 앎은 가치가 없다'고 하셨는데, 소크라테스는 '너 자신을 알라'고 하지 않았습니까? 이들의 관계를 어떻게 이해할 수 있는지요?

우선 앎의 여러 차원을 분명히 할 필요가 있을 듯합니다. 앞에서 부정한 앎은 세속적으로 알려고 하는 무가치한 앎이며, 소크라테스가 말한 앎은 우리가 일상 잊고 있는 진정한 앎입니다. 인간은 많은 것을 알고 있지만 사실은 무지합니다. 그 대표적인 예가 이 시대 소위 지도자들의 모습이 아닐까 합니다. 그들은 고학력자들이나 근본적인 것은 간과하고 있으니 마치 이는 거대한 빌딩을 지으면서 주춧돌을 빠뜨린 것과 같습니다.

우리가 우리 자신을 알지 못하면 모든 지식은 소용이 없습니다. 사람들은 과학을 알고 사물을 알고 세상을 알지만 그 자신을 알지 못합니다. 만약 우리가 아인슈타인을 모욕한다면 그도 다른 사람처럼 화를 낼 것입니다. 거기에 하등의 차이가 없지요. 우리의 깊은 마음속은 모두 똑 같기 때문입니다.

부처는 아인슈타인만큼 많이 알지 못했을 것입니다. 그러나 부처는 '아는 자'이며 아인슈타인은 그렇지 않습니다. 부처의 앎은 사물에 대한 것이 아니라 그 자신의 존재에 관한 것입니다.

부처의 앎은 정보의 축적이 아니라 내면의 빛의 폭발입니다. 이것을 '깨달음'이라고 부릅니다. 부처는 부주의하거나 경박하게 행동하지 않습니다. 만일 누가 그를 친다면 그는 지각없이 반응하지 않고 감응할 것입니다. 감응은 기계적이지 않고 반응은 기계적입니다. 기계는 단추를 누르면 즉각 기계적으로 반응합니다. 우리는 기계 작용이상의 어떤 영혼을 갖지 못했습니다.

그 누군가 우리를 모욕할 때 우리는 굴욕감을 느낍니다. 그는 단추를 누르고 우리는 그의 통제 아래 있게 되지요. 누군가가 우리를 부추기면 우리는 행복에 넘치게 될 것입니다. 그가 다른 단추를 눌렀기 때문이지요. 우리는 역시 그의 통제 아래 있습니다.

우리가 부처를 부추기거나 비난할 수 있지만 이것은 그에게 아무런 차이도 없을 것입니다. 우리가 계속해서 그의 단추를 누른다 해도 부처는 통제되지 않습니다. 그는 기계가 아니기 때문입니다.

원문의 벗朋을 스승님께서는 제자로 이해하셨습니다. 그렇게 보는 근거는 무엇인지요?

붕朋은 원래는 벗을 의미하나 여기서 벗은 단순한 친구가 아님에 유의할 필요가 있습니다. 유붕자원방래有朋自遠方來는 독립적인 구절이 아니라 앞 구절과의 관련에서 그 자연스러운 결과적 현상으로 이해할 수 있습니다.

학이시습學而時習한 기쁨을 누리는 이는 필시 세상의 스승이 되기에 충분하며, 이런 이는 자연히 그 인품의 향기와 함께 소문이 퍼져나가 구도를 갈망하는 이들에게 알려지게 마련이지요. 그래서 거리의 멀고 가까움을 가리지 않고 사람들이 찾아와 가르침을 받고자 한다면, 이보다 순수하고 아름다운 만남은 없을 것이니, 그 즐거움은 더 없이 클 것이라고 한 것입니다.

예전에 깨달음에 도달한 스승은 그 자신이 하나의 대학이었습니다. 수십 명 혹은 수백 명의 제자들이 스승의 곁에서 삶의 모든 것을 배웠고, 그저 배우기만 한 것이 아니라, 아직 삶에 정착하기 전에 그 배움을 경험해보았습니다. 많은 젊은이들이 이곳에 와서 지내다가 돌아가곤 했습니다.

진정한 스승은 지도자처럼 권위의식을 가지고 강압적으로 끌고 가는 것이 아니라, 벗처럼 다정하게 손을 잡고 올바른 길로 안내하며 그의 눈이 떠지도록 돕는 자입니다. 그리하여 그가 내면으로 시선을 돌리면 그 책임은 끝나는 것입니다. 그 다음부터는 모든 것이 그에게 달렸습니다.

스승은 제자들이 그들 자신이 되도록, 단지 그들 자신이 되도록 돕기 위해 거기에 있습니다. 그들은 결코 추종자들이 아니고 그의 친구들입니다. 그는 그들을 사랑하며, 그들 또한 그를 사랑하지만 거기에는 어떤 계급도 없습니다. 그는 그들보다 더 성스럽지도, 더 높지도 않습니다. 이들은 진정한 사제관계이면서 동시에 진정한 친구들입니다.

스승의 나무가 클수록 그 그늘에는 더 많은 사람들이 찾아오게 될 것입니다. 그러나 그들은 어떤 조직의 일원이 되는 것이 아니라, 단지 똑같은 길을 여행하는 친구들과 손을 잡는 것입니다. 함께 하고자 한다면 누구든 환영하지요. 그리고 누구든 다른 어딘가로 찾아가기를 원한다면, 축복을 담아, 자유 속에서 환송합니다. 진정한 스승은 모든 길 위에 있는 모든 종류의 구도를 축복합니다.

스승과 제자의 만남은 그 어떤 인간적 만남보다도 순수하고 즐거울 것이라 생각합니다. 이런 삶을 통해 누리는 스승의 즐거움이란 과연 어떤 것인지 궁금합니다.

깨달은 이에게 있어 삶은 힘들게 살기 위해서 있는 것이 아니라 즐겁게 살기 위해 있는 것입니다. 삶은 신성한 선물입니다. 그러나 우리는 늘 어떤 일에 얽매여 있고 혹은 어떤 곳에 묶여서 노예처럼 삽니다. 만일 우리가 원하지 않는 것을 하고 있다면, 우리는 결코 우리가 원하는 것을 언제까지나 할 수 없을 것입니다.

그러나 스승은 결코 자신이 원하지 않는 일에 얽매이지 않으며, 자유롭게 살면서, 그의 지성으로 돌아가기 위해 노력하며, 그의 감수성에 따라 살기를 원합니다. 깨달음을 얻은 사람들이 가정을 갖지 않으려는 것도 이런 이유에서이지요. 가족은 깨달음을 위한 공동체를 창조하는 데 장애가 됩니다. 그의 진정한 가정은 도반들의 공동체이고 그는 자신의 사랑을 제자들에게 줄 수 있습니다.

진정한 스승은 알 뿐만 아니라 수많은 사람들이 알도록 돕습니다. 그의 앎은 개인적인 것이 아니라 받을 준비가 된 모든 자들을 향해 열려 있기 때문입니다. 제자가 이런 스승을 만나는 것은 이 세상에서 그 무엇보다도 큰 축복입니다. 높은 경지의 체험에 이른 사람의 옆에 있는 것을 통해 무언가 신비로운 것이 그한테 옮겨질 수 있기 때문입니다.

말에 의해서가 아니라 그것은 에너지의 도약입니다. 마치 타오르고 있는 작은 불이 켜져 있는 램프에서 켜지지 않은 램프로 뛰듯이. 이와 같은 일이 스승과 제자 사이에서도 일어납니다. 메시지가 아니라 에너지의 전달, 말이 아니라 삶의 전달입니다. 이는 제자의 보람일 뿐만 아니라 스승의 즐거움이기도 합니다.

스승은 제자들과 더불어 도에 정진할 때, 깊은 행복감을 느낍니다. 제자들은 자신들이 그 옆에 앉아 있고 자신들이 그를 존경하고 깊이 사랑하기 때문이라고 생각하기 쉽습니다. 그러나 자신의 내면에 뿌리를 둔 스승은 원인을 외부에서 찾지 않습니다. 그는 언제나 자신의 존재와 접촉하고 있습니다. 그리고 그가 사랑하는 제자 혹은 친구들은 그가 자신에게로 더 깊이 뛰어들게 하는 촉매제가 될 수 있습니다.

외부에 적의가 있을 때는 자신에게 뛰어든다는 것이 어려운 일입니다. 그때 그는 밖으로 향하게 되지요. 그러나 누군가가 그를 사랑할 때 그는 모든 방어기제를 풀 수 있고 모든 전략을 버릴 수 있으며, 그때 돌연 그는 자신의 존재에 침잠하게 됩니다. 그러한 일이 일어날 때는 항상 행복이 있고 기쁨이 있고 환희가 있으니, 이것이 참다운 즐거움으로 스승이 느끼는 즐거움의 특징이기도 합니다.

마지막 구절人不知而不慍 不亦君子乎은 앞의 두 구절과 어떤 관계가 있는지요?

이는 성실히 학이시습하여 깨달은 자가 유붕자원방래의 경지를 얻지 못했을 때 취할 자세를 말한 것입니다. 이들 세 구절은 하나의 주제로 연결됩니다. 학이시습을 중심으로 이에 대한 긍정적인 결과가 유붕자원방래이고, 부정적 결과가 인부지人不知이지요.

훌륭한 스승이 있을 때 사방에서 사람들이 찾아오고 명성을 떨칠수록 제자들이 모여드는 것이 순리이나, 아무리 훌륭한 스승이 있어도 혼란한 시대에는 그를 알아보지 못할 수 있습니다. 이때 자신을 알아주지 않는 세상을 탓하고 하늘을 원망한다면 이는 스승이란 헛된 이름일 뿐 참스승이라 할 수 없으니, 이는 남을 의식하고 그들 위에 군림하고자 하는 소인배와 다를 바 없습니다.

진정한 스승이란 본래 조용히 구도적 삶을 사는 자이기 때문입니다. 궁극적으로 인생은 홀로 가는 것이며, 홀로 있는 시간을 통하여 내면적 성찰을 추구할 수 있습니다. 사람들이 알아주지 않는 것이 구도에는 도움이 될지언정 섭섭해 할 이유는 없는 것입니다.

자신의 가치를 인정받지 못해도 개의치 않는다는 것은 대단히 높은 경지라 여겨지는데, 이를 좀 더 쉽게 설명해주십시오.

소위 지도자라고 하는 사람들은 스스로 훌륭한 사람이라는 자만에 빠지기 쉽습니다. 어떤 자만심도 없는 겸손한 자세가 아름답습니다. 자만심이 자신의 아름다움을 상하게 한다는 사실을 깨달은 사람은 혹여 조그만 자만심이라도 생길까 경계하지요.

에고가 없을 때 열등감이나 자만심은 없고 마치 구름 한 점 없이 투명한 하늘과 같지요. 에고가 강한 사람은 타인의 관심을 끄는 데 필사적입니다. 그러나 이것은 에고의 게임에 불과하지요.

아무 것도 깨달은 이를 기쁘게 하거나 불쾌하게 하지 못합니다. 아무도 찾아오지 않는다 해도 그는 지금과 조금도 다름없이 행복할 것입니다. 온 세상 사람이 그에게 온다 하더라도 지금보다 더 행복하지 않을 것입니다. 그의 행복은 그의 내부의 특질이지 다른 사람에게 달려있지 않습니다. 그의 행복은 그의 것이며, 하나의 독립된 현상이니까요.

지혜로운 사람은 인정받지 못해도 괴로워하지 않을 뿐만 아니라, 스스로 그런 인정을 거부하기도 합니다. 프랑스의 위대한 소설가 사르트르는 노벨상을 거부하면서, 그 이유를 이렇게 말했습니다. "나는 작품 활동을 하면서 상도 받고 돈도 벌었다. 노벨상은 나의 작품성을 더 이상 끌어올려 주지 못한다. 평가를 받고 싶어하는 초심자에게나 주는 게 나을 것이다. 나는 나이도 먹었고, 활동을 할 만큼 했다. 내가 하는 것은 무엇이나 열정과 사랑으로 했다. 내게는 그 자체가 즐거웠다. 나는 다른 걸 바라지 않는다."

옳은 말입니다. 하지만 사르트르처럼 바른 사람은 흔치 않지요. 세상은 거짓의 덫에 걸려 그릇된 삶을 사는 사람들로 넘쳐납니다. 왜 사람들은 그토록 인정받기를 갈망할까요? 세상의 인정은 자신의 일을 사랑하지 않는 사람에게만 의미를 갖습니다.

꽃은 알아주는 사람이 없어도 여전히 핀다. 깨닫지 못한 사람들에게는 무슨 일을 하느냐는 중요하지 않습니다. 인정을 받느냐 받지 못하느냐가 중요할 따름입니다. 이것은 주객이 전도된 것이니, 일 자체에서 오는 기쁨을 위해 일을 해야지 인정을 받기 위해 일을 해서야 되겠습니까. 일 자체를 사랑할 수 있어야 하지요. 이런 일들이 모여 우리의 삶을 이루는 것입니다. 이것이 자연스러운 삶입니다.

자연은 남의 평가와 무관히 스스로 존재합니다. 깊은 숲 속에 꽃 한 송이가 피어 있는데 그것을 감상할 자가 아무도 없다면, 그 향기를 맡아줄 이가 아무도 없다면, 지나가면서 꽃이 아름답고 향기롭다고 말해주는 이가 아무도 없다면, 꽃이 괴로워할까요. 꽃은 여전히 그냥 꽃을 피울 뿐입니다. 누가 지나가든 말든 아무 상관없이, 꽃은 그냥 여전히 계속해서 제 빛과 향기를 흩날릴 뿐입니다. 꽃은 꽃으로서 자신을 신에게 우주에게 바칠 뿐입니다.

강물 또한 마찬가지입니다. 저기 강이 흐르지만, 강물은 무엇을 위해 흐르는 것이 아닙니다. 강물은 사람이 있건 없건 그냥 흐를 뿐이지, 사람의 목마름 때문에 흐르지 않습니다. 목마른 들판 때문에 흐르지도 않습니다. 그냥 흐를 뿐입니다. 지상의 모든 생명체들이 물을 얻을 수 있는 것은 우연입니다.

이와 같이 스승은 비록 혼자 있다 할지라도 그는 제자와 함께 있을 때와 마찬가지로 사랑으로 존재할 것입니다. 스승에게 사랑을 창조하게 하는 것은 제자가 아닙니다. 만일 제자가 그 사랑을 창조한다면 제자가 없을 때 사랑도 사라질 것입니다. 제자가 그 사랑을 끌어내는 것이 아닙니다. 스승이 제자에게 사랑을 쏟아 붓고 있는 것입니다. 그 사랑은 선물과 같이 주는 사랑입니다.

전통사회에서 말하는 군자는 오늘날의 지도자와 어떻게 다릅니까?

우리 사회에는 정치 지도자, 종교 지도자, 학문의 지도자 등, 각 분야의 지도자들이 많지요. 그러나 군자란 이들과 달리 지도자로 자처하지 않습니다. 굳이 지도자라고 표현한다면 '조용한 삶의 지도자'라고 할 수 있을까요. 군자는 특수 분야의 지식 혹은 지위에서 앞서서 세상을 향해 외쳐대는 대신 조용히 자신의 성장을 위해 매진합니다.

현대의 지도자는 카리스마가 있습니다. 가령 똑 같은 사람이 한나라의 대통령이 될 때, 그는 카리스마를 갖기 시작합니다. 그리고 대통령의 자리에서 물러나게 되면, 그는 카리스마를 잃습니다. 그러나 군자는 전혀 카리스마적이지 않습니다. 조건화되어 있지 않은 순수한 사람, 자기 존재의 중심으로 들어가 홀로 있으려는 사람이 군자입니다. 홀로 있음은 타인을 의식하지 않고 자신만으로 충족하는 상태입니다.

세속의 지도자들은 홀로 있으면 외로움을 느끼지요. 외로움은 마음의 질병입니다. 홀로 있음의 축복을 아는 사람은 외로움을 초월하지요. 그들은 홀로 있건 사람들과 같이 있건 상관없이 자기 자신 안에 중심을 가지고 있습니다. 홀로 있음이 사람의 본성이라는 것을 이해하고 있습니다.

우리는 모두 홀로 태어났으며, 마침내 홀로 세상을 떠날 것입니다. 탄생과 죽음이라는 두 홀로 있음 사이에서 우리는 여전히 혼자인데, 지도자들은 홀로 있음의 아름다움을 전혀 이해하지 못합니다. 그들은 추종자들을 통해서 힘을 얻고 높아진 것처럼 착각하지요.

지도자들은 조직의 힘과 다수결에 의해서 그 지위와 권위를 누리려 하고, 힘이 곧 정의라고 생각합니다. 대통령이 옳은가 장관이 옳은가는 그들의 지위가 결정할 것입니다. 그들은 아직도 자유롭게 생각할 능력이 없고 자유롭게 말할 자유가 없습니다.

진리는 힘이나 다수결에 의해 결정할 수 있는 성질의 것이 아닙니다. 힘에 의한 강압적인 분위기는 계속해서 이런 어리석은 행위들을 유발할 것입니다. 지금 전염병처럼 유행하고 있는 리더십이란 결코 군자의 정신이 아닙니다. 군자란 영원히 인간의 숭고한 이상형이라 할 것입니다.

2

첫 단추를 잘 끼우라

有子曰 其爲人也孝弟 而好犯上者鮮矣 不好犯上
유 자 왈 기 위 인 야 효 제 이 호 범 상 자 선 의 불 호 범 상

而好作亂者 未之有也 君子務本 本立而道生 孝弟也者
이 호 작 란 자 미 지 유 야 군 자 무 본 본 립 이 도 생 효 제 야 자

其爲仁之本與
기 위 인 지 본 여

유자가 말하였다. "그 사람됨이 부모에게 효성스럽고 형에게
공손하면서 어른을 거스르기를 좋아하는 자는 드물고, 어른들
을 거스르는 것을 좋아하지 않으면서 세상을 소란스럽게 하는
것을 좋아하는 자는 없었다. 군자는 근본에 힘쓰니, 근본이 서
면 길이 생긴다. 효성과 우애는 인을 실천하는 근본이다."

주해 ────────────────────────────────

有子 공자의 뛰어난 제자로 성이 유씨라 그 제자들이 그 아래 존대의 子자
를 붙였다. | **爲人** 사람 됨됨이 | **也** 허사 | **孝弟** 孝悌와 같은 뜻으로 부모에게
효도하고 형을 공경하다 | **而** 그리고 | **好** 좋아하다 | **犯上** 윗사람을 거스르
다 | **者** 사람 | **鮮** 드물다는 뜻으로 없음을 부드럽게 표현한 것이다. | **作亂** 소
란을 피우다 | **好作亂** 소란을 피우기를 좋아하다 | **未之有** 未有之의 도치로,
지금까지 있어본 적이 없다는 뜻을 강조한 것이다. | **矣, 也, 與** 이들은 모두
문장 끝에 오는 허사로, 어감이 조금씩 다르다. | **務本** 근본을 힘쓰다 | **爲仁**
인한 일을 실천하다 | **之** ~하는, ~의 | **本** 근본

모든 사회는 아이들에게 부모를 존경하도록 가르칩니다. 이것이 모든 인간관계의 기본이 되기 때문이지요. 그러나 더 중요한 이유는 자연 상태에서 아이들은 부모를 존경하지 않고 도리어 부모를 미워하게 되는 상황이 펼쳐지기 때문이지요.

아버지는 아이들이 하고 싶은 많은 일들에 대해 안 된다고 말하고, 툭하면 그들에게 화를 내기도 합니다. 그래서 아이의 에고는 상처 입으며, 아버지를 미워하기 시작하지요. 처음부터 올바른 행동을 가르치지 않으면 모든 아이들은 아버지를 존경하지 않게 되며, 아버지를 존경하지 못하면 어느 누구도 존경하지 못합니다. 아버지는 존경심이 자라기 시작하는 첫 번째 사람입니다.

아버지를 존경할 수 있으면 자연히 동네 어른들도 존경하게 되고, 나아가 사회에서도 바르게 살아갈 수 있는 인품의 기초가 갖추어지기 마련입니다. 아버지를 미워하면 나이 든 모든 사람, 힘을 가진 모든 사람 또한 미워하게 될 것입니다. 그리고 사회에 나가서도 반항적인 인간이 되어 많은 문제를 일으킬 소지가 다분합니다.

한편 세상의 많은 어머니들도 왜곡된 사랑을 통해 아이를 소유하고 그 인성을 파괴하기 일쑤입니다. 아이의 인격을 존중하는 것은 어렵지만 그에게 굴욕감을 주기는 쉽지요. 아이들이 소리를 지르며 뛰어다니면, 어머니는 물건을 깨뜨리거나 옷을 더럽힐까봐 이를 제지하기 때문에, 아이들만이 갖고 있는 위대한 영적 품성인 장난기가 온전히 발동하지 못하고 자연히 어머니를 원망하는 마음이 싹트기 시작하지요.

그들이 표현하는 사랑과 존경과 감사는 다분히 표면적인 것에 불과합니다. 이렇게 어머니와 아이 사이의 관계가 왜곡되면 아이의 전 생애가 왜곡되는데, 그것은 모자 관계가 아이들의, 세계와의 첫 접촉 첫 관계이기 때문입니다. 다른 모든 것은 그 연장선상에 놓여 있지요.

부모를 존경하는 것은 가장 중요하면서도 가장 어려운 일 중의 하나지요. 위선적인 존경을 말하는 것이 아니라 진짜 존경을 말하는 것입니다. 이는 부모이기 때문이 아니라 그들의 가슴으로부터 우러나오는 사랑의 한 흐름이지요.

단지 어머니이고 아버지라는 이유 때문에 아이들이 부모를 사랑하게 되는 것은 아니고 사랑할 만해야 사랑하지요. 부모라는 이유만으로는 불충분합니다. 부모라는 것만으로 아이들에게 사랑의 감정을 느끼게 할 수는 없으니까요. 그러나 사람들은 그것을 기대합니다.

부모를 존경할 수 없는 것이 가장 근본적인 문제입니다. 이것이 수많은 문제를 만들어 형제간의 문제가 생기게 되고, 마을 어른을 대하는 자세와 사회적응에도 문제가 생기게 됩니다. 사람들은 끊임없이 이들 여러 문제와 싸우고 또 싸우지만 모두 소용이 없습니다.

뿌리를 잘라버리지 않는다면 새로운 가지들이 계속 뻗어 나와서 계속 가지와 잎들을 잘라내더라도 도움이 되지 않지요. 오히려 우리가 가지와 잎을 쳐주어 잎이 더욱 무성해지고 나무는 더 튼튼해집니다.

그래서 깨달은이들은 강조하는 것입니다. '증상들과 싸우지 말라. 문제의 뿌리로 향하라. 그러면 여타 문제는 자연히 해결될 것이다.'

유자가 인간관계의 문제들을 통하여 말하고자 하는 핵심은 무엇입니까?

사회의 정신적 풍토가 날로 황폐해지는 데 대해서 사람들이 임기

응변식의 조처만 취하고 있는 것과는 대조적으로, 유자는 근본적인 처방을 제시하고 있습니다. 사람은 기본적으로 가정에서 가족과 어울려 사는가 하면, 마을에서 이웃과 더불어 살고 나아가 사회에서 여러 부류의 사람들과 다양한 관계를 맺으면서 살아갑니다.

가정과 마을과 사회는 단계적으로 확대되어 가는 우리 삶의 공간들이고 이 세 공간의 정신적 풍토는 상호 유기적으로 연결되어 있습니다.

여기서 우리는 '집에서 새는 바가지 나가서도 샌다'는 속담을 떠올리게 되는데, 이를 역으로 생각하면 바가지가 밖에 나가서도 새지 않으려면 집에서부터 온전한 바가지를 들고 나와야 한다는 것입니다. 집에서 깨진 바가지를 밖으로 가지고 나오면 아무리 조심해야 소용없지요.

그래서 바른 사회를 이루려면 무엇보다 저마다 각 가정에서 사람답게 사는 도리를 체득해야 합니다. 이것이 한 사람의 생애에서 삶의 방향을 결정하고, 그가 속한 사회를 맑게 하는 원동력이 되는 것입니다.

이 글은 상당히 복고적입니다. 좀 더 현대적으로 풀어 주십시오.

각박한 사회 풍토를 바로잡기 위해서 어떤 제도나 규율로 구성원들을 다스리는 것은 소용없으며, 그들이 어려서부터 가정에서 효와 우애 등, 사랑을 느끼게 해야 한다는 것입니다. 그러나 이 시대에는 효가 사회 정화의 원동력이라고 하면 쉽게 공감하지 않을 듯합니다. 오늘날 효란 진부한 개념으로밖에는 들리지 않을 것이나, 유자 시대에는 부모에게 효도하고 형에게 공손하고 어른들을 공경하는 것이 사람답게 되는 기본 덕목이었습니다.

한편 현대의 사랑은 윗사람에 대한 경의보다는 부모의 자식에 대한 내리사랑이 두드러지지요. 어쩌면 이것은 지난날의 극심한 치사랑에 대한 반작용일 듯합니다. 모든 것은 시계추와 같이 반복하기 때문입니다. 시계추는 왼쪽 끝까지 갔다가 오른쪽 끝까지 다시 돌아옵니다.

그러나 정말 아름다운 것은 한 방향으로의 지나친 사랑이 아니라 상호 조화로운 사랑입니다. 삶에서는 이런 중도적 사랑이 필요합니다. 이 같은 사랑이 충만한 사회가 되려면 가정에서부터 사랑을 경험하여야 한다는 것이 유자의 관점이지요. 역으로 사회가 각박한 이유는 근본적으로는 가정에서 사랑을 경험하지 못했기 때문이라는 암시로 이해할 수 있습니다.

현대 가정의 사랑 부재 현상과 그 원인에 대해 생각해 보고 싶습니다. 이것이 유자의 근본적인 생각을 더욱 심화시키는 것이 될 듯합니다.

언제부터인지 우리 가정에서 사랑은 자취를 감춰버렸습니다. 어쩌면 처음부터 가정 안에 사랑 같은 것은 없었는지도 모르지요. 돈이나 권력, 학벌 같은 다른 동기에 의한 정략 결혼이었다면 사랑은 처음부터 아예 없었던 것입니다.

아이들은 자물쇠와 같은 혼인 서약으로부터 태어나니 사랑의 열매가 아니며, 태어날 때부터 황폐합니다. 사랑이 없는 가정에서 태어난 아이는 무감각하고 무정하지요. 사람은 부모로부터 인생의 첫 수업을 받는데 부모가 사랑이 없고 질투와 싸움과 분노에 차있다면, 아이들은 그들의 추한 얼굴을 보면서 자라게 됩니다.

부모의 인생에 사랑이 없었기 때문에 아이들 역시 그들의 인생에 사랑이 있으리라고 믿을 수 없지요. 아이들은 거칠고 날카로워지고, 사랑은 시나 상상 속에서만 존재하는 비현실적인 것이라고 생각하게 됩니다. 그리고 마음의 문을 닫아버리기 때문에 그들의 인생 속에서 사랑은 사라져버리고 맙니다.

사랑이 현실에 존재한다는 것을 알기 위해서는 자기 삶에서 직접 사랑을 경험해야 합니다. 만약 부모가 서로 깊이 사랑하고 서로를 보살피고 존중하고 공감하는 것을 보았다면, 아이들은 이미 사랑을 경험한 것이나 다름없습니다. 사랑의 씨앗이 그들의 가슴에 떨어져 자라나기 시작하지요.

그러나 사랑을 경험하지 못했다면 사랑이 현실에서 일어나는 일이라는 사실을 어떻게 믿을 수 있겠습니까? 부모들에게서 일어나지 않은 일이 어떻게 아이들에게서 일어나겠습니까? 사실 그들은 사랑이 현실로 나타나지 않도록 온몸으로 막고 있는지 모릅니다. 사랑이 현실이 되면 그것은 부모를 배신하는 일이 될 것이므로. 그래서 사랑을 긍정적으로 받아들이지 못합니다.

후에 아이들은 무의식 속에서 이렇게 혼잣말을 할지 모릅니다. '걱정하지 마세요. 아버지, 제 인생 역시 당신 인생만큼 불행합니다. 저는 당신을 넘어서지 못했고 배신하지도 않았어요. 저는 당신과 똑같이 불행한 인간입니다. 저는 전통을 이었고 당신의 상속자가 되었습니다. 보세요. 당신이 어머니에게 했듯이 제 아이들의 어머니에게 저도 똑같이 하고 있습니다. 당신이 저에게 했던 방식 그대로 제 아이들을 키우고 있습니다.' 이렇게 가정은 행복이 꽃피는 낙원이 아니고, 불행이 대대로 전수되는 실락원으로 머물게 됩니다.

난폭하게 행동하여 사회 기강을 어지럽히는 자들을 법으로 다스리는 것과 가정교육을 강조하는 것은 어떤 차이가 있습니까?

이는 전혀 차원이 다른 접근 방식입니다. 법으로 다스리는 것이 표면적인 현상만 제거하려는 지엽말단적인 방법이라면, 가정교육을 통해 극복하려는 것은 근본적인 해결 방법입니다. 성인 군자는 언제나 근본적인 방도로 접근합니다.

이는 질병을 다스리는 방식에서, 나타난 증상만 없애려고 하는 것과 근원까지 치료하려는 것에 비유할 수 있습니다. 가령, 두통은 질병이 아니라 우리 몸의 근원에서 뭔가 잘못되었다는 것을 알려주는 몸의 신호이지요.

우리가 육체의 조화를 깨는 옳지 않은 일을 하고 있을 때, 더 이상 그 일을 하지 못하도록 경종을 울려주는 것인데, 우리는 잘못된 그 무엇을 고치는 대신 아스피린을 복용해서 손쉽게 경종을 꺼버립니다. 얼마나 어리석은 짓입니까. 이것이 현대의학에서 말하는 '대증요법'입니다. 이것이 본질을 놓치는 이유지요. 본질적인 방도로 접근한다는 것은 근원을 찾아 떠난다는 것입니다.

가정교육이 근원적인 것이 되는 사실에 대해 설명해 주십시오.

멋진 선생 한 분이 있었습니다. 그는 시험 감독을 하러 교실에 들어와 시작종이 울리기 전에 학생들에게 말했습니다. "나는 너희들이 남의 것을 베끼든, 책을 보든, 쪽지를 가져오든 상관하지 않는다. 그것은 나와는 관계없는 일이다. 나의 관심사는 너희들이 잡히지 말아야 한다는 것이다. 만약 들킨다면 문제가 커지니 조심해라. 들키지 않을 자신만 있다면 아무 상관없다. 그러나 붙잡힌다면 나는 너희들을 구제해줄 수 없다."

당장 문제는 잡히지 말아야 한다는 것입니다. 우리가 일상 신문에서 읽는 것은 일부 붙잡힌 사람들 이야기입니다. 모두가 똑 같은 일들을 하지요. 살인과 강간과 폭력이 계속되고, 제아무리 법으로 다스려도 갖가지 어리석은 일들이 수백 년 동안 계속되고 있습니다.

인류사회에 진정한 질서가 존재했던 적이 있었던가요. 지식이 많고 지위가 높은 사람일수록 질서의식은 더 결여되어 있으니 근본적인 것을 생각해보지 않을 수 없습니다.

세 살 버릇이 여든까지 간다는 속담은 가정교육의 중요성을 강조하는 영원한 진리입니다. 부모가 된다는 것은 세상에서 가장 중요하고 위대한 책임 중 하나입니다. 사람들은 부모가 되고 싶어 하지만 부모가 되는 법을 알지는 못하지요. 부모 자식 사이의 관계가 왜곡되면 아이의 전 생애가 왜곡됩니다. 다른 모든 것은 그 연장선상에 놓이기 때문입니다.

가정교육의 중요성에 전적으로 공감하면서 그 실상과 이상에 대하여 듣고 싶습니다.

가정과 가정교육의 중요성은 아무리 강조해도 모자랄 듯합니다. 문제는 오늘의 가족제도는 새로 태어날 인간에게 적당한 제도는 못되는 것 같다는 데에 있지요. 아이들은 가족의 구성원으로서 생존을 보장받지만 개인의 의식을 왜곡시키는 해를 입기도 합니다.

가정은 필요악인 셈입니다. 서로 도움이 되고 의식이 성장하며 사랑과 자유가 있고 즐거워서 함께 사는 가족도 없지 않으나 대다수의 사람들에게 가정은 이미 아름답지 않은 곳이 되어버렸지요.

정신분석학자들은 모든 종류의 정신병과 신경증은 가정에서 나온다고 말합니다. 아버지 어머니의 모습만이 어린이가 접할 수 있는 유일한 인간 존재입니다. 자연스럽게 아이는 부모를 흉내 내면서 부모의 모방자로 세상에 나오고 부모가 앓는 것과 같은 질병을 앓게 됩니다. 아이들에게는 부모 외에 입력되는 다른 인간형의 정보가 없기 때문에 부모를 모방하는 외에 다른 존재가 될 수 있는 길이 없습니다.

특히 어머니는 곧 아이의 생존 그 자체이며 삶과 힘의 근원입니다. 그런데 어머니는 아이에게 많은 것을 금지시키지요. 아무리 좋은 어머니라도 아이에게 하지 못하게 말리는 일이 한두 가지가 아니고 아이는 분노를 느끼며 어머니를 증오하는 동시에 사랑하지요.

그것이 하나의 틀로 굳어지면서 그는 한 여인을 증오하는 동시에 사랑하게 됩니다. 이렇게 가족은 아이들을 짓누르고 아이는 어쩔 수 없이 빈약한 영혼이 됩니다. 여기서는 더 풍요로운 영혼을 갖게 될 가능성은 희박하지요.

또한 가정은 아이들에게 불공정성을 가르칩니다. 만일 아버지가 누구와 싸우는데 아버지가 잘못이 있어도 아버지 편을 들어야 하거든요. 옳든 그르든 조국은 나의 조국인 것이니 그렇지 않으면 배신이 되지요. 가족은 배타적인 집단입니다. 아이들은 가족을 위해서 봉사해야 하고 가족의 명예를 위해서 계속 싸워야 하지요. 가정은 아이들에게 야망과 투쟁, 공격성을 가르칩니다.

부모의 이상적인 역할에 대하여 구체적으로 듣고 싶습니다.

비유컨대 부모는 자식에 대하여 정비사가 아니라 정원사이어야 한다는 것입니다. 그들은 사랑과 관심으로 자식을 돌보며 그들이 꽃과 열매를 맺기를 기다려야 합니다. 그러나 많은 부모는 아이를 억누르고 지배하려 하지요. 아이를 억누르는 것은 아이를 죽이는 것입니다.

어른들은 아이들을 놓아기르면 큰일 날 것처럼 생각하며, 어른이 옳으니까 부모의 말을 들으라고 강요합니다. 부모는 단지 부모라는 이유만으로 아이를 소유물로 간주하고 아이의 자유와 존엄성을 짓밟으려 합니다. 수동적이고 소극적인 아이는 부모의 말을 잘 듣는다고 칭찬받고, 능동적이고 생기발랄한 아이는 꾸중을 듣기 일쑤이지요. 왜 학교의 우등생이 사회의 우등생이 되지 못하는지 이해하지 못합니다.

부모는 아이들의 성장에 필요한 자유를 보장해주려고 노력해야 합니다. 많은 어머니들은 대개 아이의 말을 듣지도 않고 안 된다고 말하곤 합니다. '안 돼'는 권위의 언어입니다. 아이는 밖에 나가 놀고 싶고 비가 오면 비를 맞으며 춤추고 싶어하지만, 부모는 감기에 걸릴까봐 아이를 밖으로 내보내지 않습니다. 그 결과 아이는 아름답고 소중한 체험을 잃어버리게 되지요. 부모는 아이에게 '그래'라고 말해줘야 합니다.

부모는 아이를 인격적으로 존중해야 합니다. 아이들은 그럴만한 가치가 있습니다. 그들은 순수하고 생동감이 있고 신성에 가까이 다가서 있지요. 어른들은 교활하고 어리석음으로 가득 차 있습니다. 나이가 많다는 것만으로 존경받을 수는 없지요. 존경은 아이들이 받아야 합니다. 아이들은 근원에 가깝고 부모는 멀리 벗어나 있습니다. 아이는 제 원래 모습이고 부모는 복사판에 불과하지요.

아이를 존중하면 아이가 잘못된 방향으로 들어서는 것을 막아줍니다. 아이를 존경하면 아이는 부모의 말에 귀 기울이고 부모를 이해하려 애쓸 것입니다. 부모가 옳다고 생각하면 아이는 순순히 부모를 따를 것입니다. 제 본래 모습을 잃지 않으면서 부모의 뜻을 따를 것입니다. 아이들은 억압받고 강요당할 때 제 본래 모습을 잃습니다. 사랑과 존경은 아이들이 세상을 바로 바라볼 수 있는 눈을 가져다주고 맑게 깨어서 주의 깊게 살아갈 수 있는 힘을 줍니다.

그러나 부모는 아이들을 길들이고 어떤 울타리 안에서 생활하게 만듭니다. 고정관념 때문에 아이는 자신의 삶을 완전히 잃어버리지요. 아이들은 부모로부터 자유로울 필요가 있으니, 아이들에게 부모는 과거이기 때문입니다.

아이들은 부모에게 복종하지 말고 자신의 지혜에 귀 기울이는 것이 좋습니다. 그들은 실수를 저지르고 그 실수를 통해서 삶을 배울 수 있는 기회를 가져야 합니다. 다른 사람을 모방하면서 실수를 저지르지 않는 것보다 그 편이 낫지요. 다른 사람을 모방하면 아무 것도 배울 수 없기 때문입니다.

군자가 근본적인 것에 힘쓴다고 하는 것은 소인배들이 지엽말단적인 것에 연연하는 것과 비교하는 말인 것 같습니다. 인생에서 근본적인 것과 지엽적인 것으로 구분하는 지혜를 어떻게 얻을 수 있을까요?

모든 사물은 나무의 뿌리와 잎사귀처럼 바탕이 되는 것과 지엽이 되는 것으로 나뉩니다. 그러나 불행하게도 우리에게는 밖으로 나타난 것만 보이고 속에 숨어 있는 것은 보이지 않습니다. 우리 눈은 피상적인 것 밖에 보지 못하지요.

그래서 예수는 제자들에게 계속 말합니다. "눈이 있으면 보라. 귀가 있으면 들으라." 물론 그의 제자들은 장님도 아니고 귀머거리도 아니었습니다. 그들은 우리처럼 눈이 있었고 귀가 있었고, 모든 감각 기관을 가지고 있었지요. 그렇다면 예수는 우리들이 가지고 있지 못한 어떤 다른 눈, 다른 귀, 다른 감각을 가리키고 있었음에 틀림없습니다.

오직 잎만 보고 뿌리를 보지 못하는 눈은 진실의 세계에서 장님이나 마찬가지입니다. 바깥만 볼 수 있고 안을 볼 수 없기 때문입니다. 내면이 바르지 못할 때 밖에 나타나는 모든 것도 바를 수 없습니다. 나 자신이 옳기 전에는 내가 하는 모든 행동, 모든 말, 모든 상황이 옳을 수 없습니다. 근본적인 통찰은 자신의 내면을 들여다보는 것이고 이를 통해서만 자신을 알 수 있습니다.

그러나 우리는 자신을 알지 못합니다. 자신의 부스러기만 알 뿐입니다. 그것은 빙산의 일각일 뿐이지요. 자기 자신에 대한 우리의 지식은 극히 한정되어 있습니다. 한정되어 거의 의미가 없다 할 수 있지요.

실상 우리는 스스로 자신을 제대로 알지 못한 채로 살아가는 것입니다. 자기를 아는 것이 모든 지식의 출발이며 그것이 바로 근본입니다. 근본이 없다면 모든 지식은 표면적인 것에 불과하고 깊은 곳에서 그것은 무지인 것이나 마찬가지입니다.

근본적인 것과 지엽적인 것은 바다와 파도의 관계와 같다. 비유컨대 바다와 파도의 관계를 통해서 좀 더 쉽게 이해할 수 있을 듯합니다. 바다에는 항상 파도가 입니다. 그러나 우리는 결코 바다를 보지 못합니다. 우리가 보는 것은 바다가 아니라 파도일 뿐입니다. 파도만이 표면에 드러나기 때문이지요.

그러나 모든 파도는 바다의 파도라는 것을 잊어서는 안 됩니다. 파도는 바다를 통해서 굽이치고 있는 것이고, 오직 존재하는 것은 바다일 뿐입니다. 바다는 파도 없이도 존재할 수 있지만 파도는 바다 없이는 존재할 수 없습니다. 어떻게 파도 홀로 존재할 수 있단 말입니까.

파도는 있을 수도 있고 없을 수도 있으나 바다는 항상 있지요. 바람이 불지 않는다면 바다는 침묵한 채로 거기 있을 것입니다. 파도는 우연한 사건에 불과한 것입니다. 바람의 작용에 의하여 파도는 존재의 속으로 들어옵니다. 파도는 밖으로부터 만들어진 표면에서만 벌어지는 사건들이고, 바다는 이와는 전적으로 다른 어떤 본질입니다.

모든 존재의 원리 또한 이와 같습니다. 나무도 파도요 인간도 파도입니다. 나무와 사람 뒤에는 보이지 않는 똑같은 거대한 바다가 숨어 있는 것입니다. 우파니샤드에서는 이 바다를 브라마라 부르지요. 브라마, 궁극의 영혼, 절대의 영혼, 그것은 존재의 바다입니다. 우리가 사람을 보되 겉으로 드러난 것에 매달리지 말고 내면으로 들어가 거기에 숨어 있는 브라마를 볼 수 있어야 합니다. 본질적인 것을 보아야 하는 것이지요.

군자와 소인은 겉으로는 아무 차이가 없습니다. 아니 소인이 더 멋지게 꾸밀 수도 있을 것입니다. 부처 또한 외형, 육체로만 본다면 그때 우리는 빗나가고 맙니다. 오직 붓다의 목소리를 듣고 침묵을 듣지 못한다면 빗나가고 맙니다. 그의 얼굴만 보고 그의 내면의 하늘을 보지 못한다면 빗나가고 맙니다. 부처는 침묵을 전하기 위해서 말할 뿐입니다. 부처는 모습이 없는 것을 전하기 위해 거기 보이는 모습을 갖고 있는 것입니다.

근본과 지엽의 문제는 이 시대 우리에게도 더없이 중요한 것 같습니다. 좀 더 쉽게 이해할 수 없을까요?

어느 날 한 청년이 사장을 찾아가 말했습니다. "아무 날 제가 사장님의 차를 좀 빌릴 수 있을까요?" 사장이 말했지요. "어디에 쓰려고? 전에는 이런 부탁을 한 적이 없지 않은가." "그 날이 제 결혼식 날입니다." "그렇다면 빌려 주고말고, 매일 결혼하는 것은 아니니까. 한 대가 아니라 세 대를 다 써도 좋네."

청년은 뛸 듯이 기뻐했습니다. 그때 사장이 말했습니다. "그런데 도대체 그 행운을 잡은 여자는 누군가?" "아직 결정하지 않았습니다. 우선 차부터 확보해야 한다고 생각했습니다. 차만 있으면 여자야 구할 수 있겠지요. 그건 별로 큰 문제가 아닙니다."

이런 사람이 바로 세속적인 인간이지요. 그는 비본질적인 것, 즉 돈, 권력, 권위, 차, 집 등에 대해서 먼저 생각합니다. 그에게는 안전이 먼저거든요. 그러나 이런 안전이 누구를 위한 것일까요. 은행 예금은 누구를 위한 것인가요. 안전하게 보호받을 가치가 있는 사람은 사라지고 없습니다. 삶은 우리 손에서 어느덧 빠져나가고 우리는 비본질적인 것만을 걱정합니다.

혼수는 지엽적인 것이고, 신부 자신이 근본적인 것이다. 어떤 사람이 계단 맨 위에서 발을 헛디뎌 떨어져 죽었습니다. 그때 그 사람이 끼고 있던 고급 안경도 박살이 나고 말았습니다. 미성숙한 마음은 삶, 죽음, 사랑보다 안경에 더 관심을 갖지요. 사람들은 집과 차 같은 세간들에 더 관심을 갖습니다.

마음이 미숙하다는 것은 가치 없고 비본질적인 것에 관심을 가지는 것을 의미합니다. 세상에는 세간으로 삶을 대신하는 사람들이 많지요. 모든 사람의 내부에는 이런 경향이 있습니다. 사물에 너무 많은 관심을 가진다면 우리는 미숙한 것입니다.

지금 우리의 삶은 모든 가치가 전도되어 있습니다. 가령 결혼에서 무엇이 본질적인 것이고 무엇이 지엽적인 것입니까. 세속적인 사람들은 신부가 가지고 오는 혼수가 신부보다 중요하고, 신랑의 인간됨보다 그의 직업과 지위를 더 중요하게 생각합니다. 그러나 그 어떤 혼수도 신부 자신보다 중요할 수 없지요. 어떤 사람의 직업이나 지위가 그 사람의 인간적 특성보다 중요하지 않아요.

하나의 개인이 된다는 것이 어떤 지위나 명예보다 본질적입니다. 누구와도 같지 않은 하나의 개인이 되는 것이 본질적이며 삶의 궁극의 목표입니다. 오직 자기 자신이 될 때 우리는 신에게 받아들여지고, 그때만이 자신을 신에게 바칠 수 있습니다. 그렇지 않다면 그가 아무리 고관대작을 지냈어도 그 속에는 지푸라기만 가득 차 있는 꼴입니다.

너 나 없이 지금 우리는 비정상입니다. 우리가 돈에 사로잡혀 있다면 비정상입니다. 돈 자체는 결코 나쁜 것이 아닐 뿐 아니라 매우 유용한 것이지만, 거기에 집착하는 것은 병입니다. 돈이 삶을 줄 수 없습니다.

그러나 현대 자본주의 사회에서 돈은 신이나 마찬가지지요. 언젠가 그 비정상적인 것이 충족되면 그때 다른 비정상적인 일이 일어납니다. 그 보잘것없는 유통 지폐는 종이일 뿐인데 거기에 어떤 공포가있어요. 사실 그 공포는 우리의 욕심에서 비롯되는 것입니다.

우리는 날이 갈수록 본질적인 것을 잊어버리는 것 같습니다. 흰 것을 검은 것으로 보고 검은 것을 흰 것으로 봅니다. 사랑을 하는 것이 아니라 결혼에 안주합니다. 참된 종교를 찾는 것이 아니라 값싼 신앙에 안주합니다.

진실한 삶을 사는 것이 아니라 편리한 삶을 사는 방법에만 매달리지요. 우리는 전혀 살고 있지 않고 화려한 관념만을 발전시키고 있을 뿐입니다. 우리는 훌륭한 책들을 비치하고 있을지 모르나 그것들은 메뉴이지 음식이 아닙니다.

본질적인 것이 일어나는 방식 소인배들은 운명처럼 지엽적인 것에 매달리면서 근본적인 것은 자신들의 손에 닿지 않는 높은 곳에 있을 것이라고 생각합니다. 그러나 이는 큰 오해입니다. 깨달은 이들은 항상 본질적인 것의 가치를 인정하고 옹호합니다. 하지만 그들이 본질적인 것에 충실한 방식은 지극히 단순하지요. 내면세계에서 지엽적인 것들을 제거하면 본질적인 것만 남게 되는 것입니다.

사실 본질적인 것을 이루기 위해서는 특별히 노력할 필요가 없습니다. 단지 그것이 자랄 수 있는 공간을 만들어주기만 하면 될 뿐입니다. 본질적인 것은 스스로 일어나는 것입니다. 군자가 본질적인 것에 힘쓸 수 있는 것도 지엽적인 것에 매달리지 않을 때 자연히 일어나는 것입니다.

따지고 보면 비본질적인 것이 훨씬 더 많은 노력을 필요로 합니다. 그래서 고통이 따릅니다. 불가능한 것을 가능하게 만들려고 하기 때문이지요. 고통은 우리가 선택한 결과입니다. 반면에 은총과 축복은 하나의 선물입니다. 고통 속에는 인간의 흔적이 있고 축복 속에는 신의 흔적이 있습니다.

이는 조각가의 작업에 비유될 수 있습니다. 위대한 조각가들은 말합니다. "석상은 이미 내부에 숨겨져 있다. 그것을 만들 필요는 없다. 그 상에 붙어 있는 불필요한 돌덩어리를 어떻게든 그 상에서 떼어놓지 않으면 안 된다. 그러면 상은 저절로 모습을 나타낸다. 석상은 만들어지는 것이 아니라 발견되는 것이다. 그것을 덮고 있는 허울을 벗겨 내고 원래의 상을 찾아내는 것이다."

사랑도 이와 같이 본질적인 것입니다. 사랑은 인간의 내부에 갇혀 있습니다. 그것은 해방되는 것을 필요로 할 뿐입니다. 문제는 어떻게 만들어내는가가 아니라 어떻게 드러내는가 하는 것이지요. 우리는 자신을 무엇으로 덮어 숨겨 버리고 만 것일까요. 사랑이 겉으로 드러나는 것을 막고 있는 것은 무엇일까요

말할 것도 없이 물질적인 탐욕, 권력에의 야망 등 세속적인 욕심이 이를 지연시키고 억압합니다. 사랑은 내면에 씨앗으로 숨어 있다가 알맞은 토양과 기후를 만나면 자연히 싹트고 꽃피는 것이지 결코 우리가 땀 흘려 창조하는 것이 아닙니다. 모든 본질적인 것은 이와 같이 저절로 일어납니다. 이를 막지만 않으면 누구에게나 일어날 수밖에 없는 것입니다.

근본이 확립되면 길이 생긴다는 것은 근본에 힘쓸 것을 강조한 교훈적인 말입니까, 아니면 사물의 이치를 말한 진리입니까?

근본이 바로 서면 길은 저절로 생긴다는 것은 길은 결과적 현상이지 공략의 대상이 아니라는 것을 뜻합니다. 이는 '뜻이 있는 곳에 길이 있다'는 격언보다도 깊은 진리를 담고 있습니다. 이 격언은 세상을 헤쳐 나가기 위한 인간의 의지 혹은 도전 정신을 고취한 것일 뿐이나, 본입이도생本立而道生이란 구절은 사물 생성의 근본 이치와 진리를 말한 것이라 볼 수 있습니다.

어떤 한 일이 이루어지기 위해서는 여러 단계의 과정이 있기 마련입니다. 이 가운데서 첫 번째 단계가 가장 근본적입니다. 두 번째 단계는 쉽게 따라 오고 세 번째 단계는 더욱 쉽게 따라 오지요. 그리고 네 번째 단계 역시 무리 없이 이루어지고, 이런 과정을 통해 일은 이루어집니다. 결국 첫 번째가 가장 중요하고 어려운 것이지요.

잘못된 시작은 어느 곳으로도 인도할 수 없습니다. 모든 단계는 자체적으로 진화하는 논리를 갖고 있기 때문입니다. 두 번째 단계는 첫 번째에서 나올 것이고, 세 번째는 두 번째에서 나오는 식으로 계속됩니다. 그래서 우리가 첫 발을 내딛는 순간, 모든 것을 선택한 것입니다. 첫 걸음이 마지막 걸음보다 더 중요하고, 시작이 끝보다 더 중요한 것은, 끝은 단지 하나의 결과, 하나의 성장에 불과하기 때문입니다.

그러나 우리는 결코 시작에 대해서가 아니라, 항상 결과에 대해서 걱정합니다. 결과가 중요해진 탓에 우리는 씨앗의 자취, 시작의 자취를 잃어버리고 말지요. 그러면 우리는 계속 꿈을 꿀 수는 있지만, 결코 실재에 이르지 못할 것입니다.

만일 우리가 잘못된 걸음을 내디뎠다면 다시 돌아와서 그 첫 걸음을 바꾸지 않으면 한평생 방황할 수도 있으며 거기에서 나올 것은 아무 것도 없습니다. 왜냐하면 잘못된 한 걸음이 더욱 더 잘못된 걸음으로 끌고 가기 때문입니다.

어린 아이가 걸음마를 시작할 때, 아이에게는 첫 걸음이 가장 어렵습니다. 아이는 잠시 망설이지요. 한 번도 걸어본 적이 없기 때문에 자신이 없어서이지요. 아이는 넘어져서 다칠까 두려워 계속 기어 다니기만 합니다. 항상 첫걸음이 가장 어렵습니다. 일단 첫 발자국을 떼고 나면 오히려 두 번째 세 번째 걸음을 옮기지 못하게 막는 일이 더 어렵습니다.

아이가 자연스럽게 첫 걸음을 내딛을 때까지 기다려야 합니다. 이것이 근본이 형성되는 기간입니다. 첫 걸음을 내딛을 정도로 다리에 힘이 붙게 되면 그 다음 걸음부터는 저절로 이루어집니다. 근본이 갖추어지기 전에 걸음마 하는 요령을 연습시키는 것은 어리석은 짓일 뿐 아니라 위험한 일입니다.

'孝弟也者 其爲仁之本與'에서, 효제孝悌가 仁 자체의 근본이 아니라 爲仁 즉 인仁을 실천하는 일의 근본이라고 하였는데, 인仁과 위인爲仁은 어떻게 다릅니까?

인仁과 위인爲仁은 구분되어야 합니다. 인仁은 사랑이라고 하는 내면적 자질 자체를 의미하고, 위인爲仁은 대인 관계에서 구체적으로 사랑을 베푸는 것을 의미합니다. 사랑에 대상이 없을 때 그것은 가슴의 것이 됩니다. 그러나 대상이 있다면 머리에서 작용합니다.

하지만 순수한 사랑의 느낌은 본래 가슴에 있는 것, 아기가 어머니의 품에 안겼을 때 느끼는 안정감 같은 것입니다. 그때 세상은 더 이상 생존경쟁의 냉정한 세상이 아니고 따뜻하고 포근한 세상이 됩니다. 그것은 우리의 가슴과 연결되어 있기 때문이지요.

주변에서 사랑한다고 떠들어대는 무리들의 사랑은 표면에 머무릅니다. 그것은 깊어질 수 없습니다. 그들의 사랑은 토대가 깊지 않기 때문입니다. 그들은 행위를 배울 것입니다. 어떻게 사랑 받을 수 있는가, 어떻게 하면 사랑을 표현할 수 있는가 하는 행위만을 배울 뿐입니다.

사랑은 대상 없이도 그 자체로 존재합니다. 만일 우리가 혼자 있을 때는 애정이 깊어질 수 없다고 한다면, 우리의 사랑은 아직 진실로 성숙한 것이 아닙니다. 그 경우 우리는 사랑하기 위해서조차 누군가에게 의존하고 있는 것입니다.

즉 누군가가 거기에 있어야만 한다면 그 사랑은 매우 표면적인 것에 불과할 뿐이지요. 만일 방안에 자기 혼자 있을 때에는 전혀 사랑할 수가 없다고 한다면, 그것은 사랑이라는 자질이 아직 깊어져 있지 않고, 사랑이 자신의 존재의 일부로 되어 있지 않다는 것을 보여주는 것입니다.

사랑은 우리 자신의 고유한 향기이다. 사랑은 자신을 아는 데서 나오는, 자신으로 존재하는 데서 나오는 빛이자 향기입니다. 사랑은 기쁨이 넘치는 것입니다. 그때 우리의 존재를 타인과 나누는 것 외에는 아무 것도 남지 않습니다. 사랑은 우리가 존재계와 분리되어 있지 않다는 것을 알았을 때 존재합니다. 사랑은 우리가 존재하는 모든 것들과 유기적인 합일을 느꼈을 때 존재합니다.

존재와 하나가 된다는 것은 내가 사라진다는 것을 의미합니다. 사랑은 관계가 아니라 존재의 차원입니다. 사람이 사랑 속에 있는 것이 아니라 사람이 사랑입니다. 물론 사람이 사랑일 때 그는 사랑 속에 있습니다. 하지만 그것은 결과이지 근원이 아닙니다. 근원은 그가 사랑이라는 것입니다.

부모 자식 간의 사랑이나 형제간의 사랑은 여러 대인관계의 사랑 중의 일부이며 그 중에서 가장 근본적인 것이라 할 수 있을 것이나, 사랑 자체의 근본이라고는 결코 말할 수 없는 것입니다.

3

아름다운 겉치레 뒤에는
계략이 숨어 있다

子曰 巧言令色 鮮矣仁
자 왈 교 언 영 색 선 의 인

공자가 말하였다. "교묘히 꾸민 말과 아름답게 꾸민 얼굴빛에
는 인함이 드물다."

巧 교묘하다 | **巧言** 말을 듣기 좋게 교묘히 꾸미다, 이렇게 꾸민 말 | **令** 아름
답다 | **令色** 얼굴 표정을 호감이 가게 아름답게 꾸미다. 보기 좋게 꾸민 표정
| **鮮矣仁** 鮮을 강조하기 위해서 仁鮮矣를 도치한 것이다. 鮮은 원래 드물다
는 뜻이나, 여기서는 없다는 것을 완곡하게 표현한 것이다. | **矣** 평범한 서술
을 나타내는 허사

가게 점원은 손님을 마치 왕처럼 모시지요. 사실 점원은 그에게 아무 관심도 없지요. 그들의 미소는 꾸며낸 것입니다. 점원은 가게에 들어오는 모든 사람들에게 웃습니다. 특별히 그 사람만을 위해 웃는 게 아니지만, 사람들은 이러한 사실을 지나쳐버린 채 편안함을 느낍니다.

사람을 대할 때 말을 교묘하게 돌려서 하고 얼굴 표정을 부드럽게 짓는 등, 면전에서만 보기 좋고 듣기 좋게 꾸미는 데 속아서는 안 될 것이니, 이 같은 언행은 결코 진실할 수가 없고 이렇게 사는 사람은 바른 사람이 못되기 때문입니다.

진실한 사람의 언행은 언제나 소박하고 꾸밈이 없습니다. 지나치게 친절하지도 상냥하지도 않지만, 무엇인가 숨겨져 있는 진실함이 느껴집니다. 그는 자신이 진실한 사람이라는 것을 의식하지도 못합니다. 진실한 사람은 어떤 사교적인 처세술도 필요하지 않습니다. 인간은 진실하고 소박해야 합니다. 그러나 현실은 언제나 빈껍데기 뿐이면서도 자신이 겸손하고 소박한 사람인양 가장하는 무리들로 넘칩니다.

'여우하고는 살아도 곰하고는 못 산다'는 속담도 있지만, 사람이 상냥하고 친절하면 좋을 것 같은데, 왜 이런 자세가 문제가 되는지요?

또 이런 속담도 있지요. '말 단 집 장 단 법 없고 얼굴에 생쥐가 오르락내리락 한다.' 속담이란 삶의 여러 측면을 일깨웁니다. 앞의 속담은 사실을 나타내고 뒤의 속담은 진실을 나타냅니다.

교언영색이란 원래는 장사꾼이 고객의 환심을 사기 위해서, 혹은 사기꾼이 선량한 사람을 속이기 위해서, 또는 간신배들이 상전에게 아부하기 위해서 취하는 거짓 친절이나 아부 등 일부 사람들이 불순한 동기에서 꾸미는 부끄럽고 떳떳하지 못한 모습이었습니다.

그러나 여기서 나아가 오늘날 소시민들이 이 살벌한 생존 경쟁에서 살아남기 위해서 자존심을 버리고 비굴한 말과 표정으로 기회를 노리는 것도 넓은 의미에서 교언영색이라 할 수 있을 것이며, 이 밖에도 입학이나 입사를 위한 면접에서까지 이 같은 자세가 최선의 전략으로 간주되는 등, 모든 인간관계에서 교언영색이 영리한 처세술이 된 현실이 안타깝습니다.

이런 상황에서 교언영색이 어질지 못하다는 주장은 이해하기 어려울지도 모르나, 이들은 모두 마음 깊은 데서부터 나오는 진실한 말과 웃음이 아니라 이해관계에 얽혀서 겉으로 꾸미는 게임에 불과합니다.

> 자신의 목적을 위해서는 부드럽고 친절하게 행동하는 것이 크게 잘못되었다고는 생각되지 않습니다.

부드럽고 친절한 언행 자체가 나쁜 것은 아닙니다. 나쁘지 않을 뿐만 아니라 속으로부터 자연스럽게 우러난 친절은 훌륭한 것이지요. 그러나 교언영색은 겉과 속이 다른 것입니다. 비유하자면 진짜 금시계가 아니라 도금한 가짜 금시계와 같은 천박한 것입니다. 우리의 행동 뒤에는 목적이 숨어 있습니다. 그래서 우리는 어떤 사람에게 매우 친절하게 대합니다.

이상적인 것은 아무 목적 없이 그저 순수한 즐거움으로 사는 것입니다. 그것이 순수한 삶입니다. 목적의식은 삶의 순수성을 오염시킵니다. 그러나 많은 사람들은 모든 일에 은밀한 목적의식을 가지고 있지요. 만일 누가 아무 목적 없이 행동한다면 오히려 그를 이상하게 생각할 것입니다. 사람들의 모든 행동 뒤에는 목적의식이 숨어 있습니다. 그들은 순수한 즐거움으로 행동하지 못합니다.

긍지를 가지고 당당하게 사는 일은 참으로 가치 있습니다. 긍지는 인간의 존엄성입니다. 그러나 겉으로만 친절한 것은 거짓된 것입니다. 지나친 친절은 우리에게서 존엄성과 긍지를 앗아가지요.

동물들 가운데서도 사자는 긍지를 지닙니다. 숲 속의 사슴은 긍지와 기품과 우아함을 지니고 있습니다. 아무 목적 없이 공작은 춤추고 독수리는 하늘 저 멀리 날아갑니다. 그들의 기품은 그들 자신의 존재로부터 솟아나오는 것입니다. 그런데 사람들은 어떠합니까. 지위고하를 막론하고 이제 당당하게 사는 사람을 어디서도 볼 수 없는 것이 안타깝습니다.

말과 표정을 따로 떼어서 좀 더 깊이 생각해보고 싶습니다. 먼저 말과 말하는 사람의 관계에 대하여 알고 싶습니다.

말은 말한 사람의 내면을 반영합니다. 그래서 교활한 말을 통해 그 사람이 교활한 것을 알 수 있을 뿐만 아니라, 그가 교활한 사람이라면 그 어떤 말도 교활할 것이라고 일단 의심하게 됩니다. 그런 사람이 "나는 어떤 사람을 사랑합니다."라고 말할 때, 우리는 그가 무엇을 말하고 있는지 직시할 수 있어야 합니다.

아마도 그가 사랑이라고 부르는 것은 관능적인 욕구일 가능성이 더 클 것입니다. 만일 그가 누군가에게 '나는 당신을 사랑합니다.'라고 말한다면 그것은 '나는 당신에게 욕정을 느낀다.'고 하는 것과 다르지 않다고 생각해도 좋을 듯합니다. 다만 아름다운 말이 추악한 실체를 가리고 있을 뿐이지요.

말은 단순히 단어만 전달할 뿐 아니라 그 안에 숨은 의미와 향기까지 전하는 법입니다. 그래서 만일 어떤 말이 성인으로부터 나온다면 그것은 엄청난 의미를 갖게 됩니다. 성인들은 한 마디 한 마디를 그들의 가슴으로부터 쏟아내기 때문입니다. 말 자체보다는 그 말을 한 사람이 훨씬 더 중요하지요.

우리가 예수의 말을 정확히 되풀이해 말할 수는 있지만 그것은 어디까지나 반복일 뿐입니다. 우리는 앵무새처럼 예수나 부처의 말을 정확하게 암송할 수 있습니다. 앵무새와 같은 반복, 그것은 공허한 제스처이며 기계적입니다. 앵무새 안에는 아무 것도 없습니다. 그러나 예수나 부처가 말했을 때 그 말들은 그들의 가슴 안에서 우러나온 것이지 결코 다른 사람의 말을 되풀이하여 흉내 낸 것이 아닙니다. 그 말들은 진실했고 거기에는 진리가 담겨 있었습니다.

예수가 '회개하라'고 말한 것은 단순히 세례 요한의 말을 흉내 낸 것이 아니었지요. 예수는 권위를 가지고 그런 말을 할 수 있었습니다. 그 말은 이제 예수 자신의 말이 되었습니다. 그는 세례를 받은 순간부터 새로운 면이 나타났습니다. 세례란 하나의 탄생을 의미합니다. 그는 스스로 회개하고 또 그 말이 무엇을 의미하는지 알게 되었지요.

이제 그 말은 앵무새가 지껄이는 말처럼 공허한 말이 아닙니다. 그 말은 살아 있습니다. 예수는 그 말의 진실을 찾아내고 그 말의 신비를 몸소 체험하였습니다. 항상 진리는 우리 자신의 경험으로부터 나오고 우리의 피와 살, 뼈의 일부가 되어 우리 삶 안에서, 존재 자체 안에서 순환하고 숨 쉬는 것을 의미합니다.

겉으로 드러난 표정과 그 사람의 인격은 어떤 관계가 있는지요?

우리는 다른 사람과 대화할 때 사소한 일에도 미소를 짓지요. 다른 사람 앞에서 우리는 시선이나 몸가짐, 걸음걸이까지 자연스럽기보다 꾸미는 경우가 많습니다. 만일 우리가 세상에 홀로 존재한다면 아마도 그렇게 행동하지 않을 것입니다.

우리는 내면에서 우러나오는 웃음을 웃지 않습니다. 항상 어딘가 가식적인 구석이 있지요. 우리의 눈과 입술은 서로 다른 것을 말하고 있고, 우리의 말과 손은 서로 다른 것을 표현하고 있습니다. 모두들 거짓에 깊이 빠져 있기 때문에 누구도 자기 자신을 깊이 들여다보지 못할 뿐입니다.

간혹 세련되지 않고, 연마되고 세공된 다이아몬드가 아닌, 광산에서 직접 캐낸 원석과 같은 자연스런 자세에서 오히려 신선하고 거룩한 기운을 느낄 때가 있습니다. 이는 희귀한 가치일 뿐만 아니라 아름다움의 본질이며 진실함 자체이기 때문입니다.

깨달은 이들에게서 이런 모습을 발견하는 것은 결코 우연이 아닙니다. 그러나 현대 사회에서 자기를 적극적으로 그리고 효과적으로 표현하는 방법을 강구하게 되면서, 갈수록 이런 모습은 찾아보기 힘들게 되어갑니다.

우리의 얼굴은 끊임없이 변화합니다. 낯선 사람을 만나면 달라지고, 친구나 부하, 상사를 보면 또 달라집니다. 사람은 상황에 의존하고 있기 때문에 시시각각 자신의 얼굴을 변화시키지요.

사람들은 중심이 없고 통일되어 있지 못합니다. 우리를 둘러싼 주위의 사물이 우리를 변화시킵니다. 그러나 성인의 경우는 완전히 다르지요. 그는 주위에 의하여 변화되는 것이 아니라 주위를 변화시킵니다. 주위에서 무슨 일이 일어나도 그의 얼굴은 마찬가지입니다. 얼굴을 바꿀 필요가 없습니다.

그러나 의식이 낮은 사람들은 다른 사람들, 특히 힘이 있는 사람들과의 관계에서 자유롭지 못합니다. 그래서 그들을 향해서는 비굴할 정도로 낯빛을 부드럽게 하고 있어야 합니다. 그러나 그들의 미소는 단지 입술의 움직임에 불과하고 거기에는 가슴이 없습니다. 웃고 싶지 않을 때 웃는 미소는 추하고 정치적입니다.

성인들은 대체로 말을 부정적으로 인식하고 있는 듯합니다. 왜 그렇습니까?

진실의 세계에서는 되도록이면 말수가 적은 것이 좋으며 침묵이 최고의 경지입니다. 말을 꼭 해야 할 경우라도 짧게 그리고 진솔하게 말하는 것이 좋습니다. 이것이 어진 사람의 자세입니다. 사람이 진실하지 않을수록 말이 많고 꾸밈이 심하지요. 진실한 말은 언제나 단순하고 질박한 법입니다.

사람이 살면서 말을 하지 않을 수는 없지요. 말을 하기는 해야 하지요. 그러나 말이 진실을 담고 있는 것은 아니라는 데 유의해야 할 필요가 있습니다. 말은 편리한 도구이고 수단일 뿐 결코 진실을 그대로 담고 있는 것은 아닙니다.

내가 '나'라고 말할 때 나는 단지 나를 가리키기 위해 그 단어를 사용하고 있을 뿐, 내 속을 들여다본다면 그 안에서 '나'라고 하는 것을 찾아내지는 못합니다. 들여다보면 볼수록 나라는 것은 점점 사라져버리고 맙니다. '나'는 내가 나의 내면을 들여다보지 않을 때에만 존재합니다. 찾지 않을 때에만 그것은 거기 있습니다.

이는 마치 어둠 속으로 등불을 들고 들어가면 어둠이 순식간에 사라지는 것과 같습니다. 속을 들여다보는 일, 그것이 바로 등불이고 불꽃입니다. 거기서는 어떤 어둠도 찾을 수 없습니다. '나'라고 하는 것은 어둠들의 모음에 불과합니다. 그러나 우리는 이 '나'를 아름답게 보이기 위해 말을 꾸미고 표정을 꾸밉니다.

언어는 마음에 해당되는 것입니다. 마음에서 나오는 것이 언어입니다. 그것은 무심無心으로 들어갈 수 없습니다. 생각을 초월한 침묵에 이를 수 없습니다. 마음은 생각으로 가득 차 있고 모든 생각은 언어의 형태 속에 들어 있습니다.

언어는 매우 일상적이고 세속적이어서 일상의 작업에만 쓸모가 있습니다. 그것의 기능은 외부 세계에만 해당될 뿐 내면의 세계에서는 절대적인 무용지물입니다. 자신의 내면을 알고 싶은 사람은 언어를 넘어서야 합니다. 그것이 바로 명상의 전 과정입니다.

세상에는 현란하게 꾸민 말들이 난무하고 있어서 진실한 말이 어떤 것인지 잘 상상이 되지 않습니다. 진실한 말의 예를 보면, 대비적으로 꾸민 말의 천박함을 더욱 절실히 느낄 수 있을 것 같습니다.

그렇습니다. 이야말로 교언을 바로 이해하는 효과적인 방법일 것 같습니다. 마치 검은 칠판에 백묵으로 글씨를 쓰는 것과 같은 이치이지요. 진실한 말은, 꿀물처럼 달콤한 말들이 범람하는 세상에서 소금과 같고 우리 영혼을 울리는 황금 같은 것입니다.

그러나 진실한 말의 참맛을 알자면 잠시 현실적인 맥락에서 벗어나 진실에 감응할 준비가 되어 있지 않는 한, 이는 자칫 꿈같은 허황

한 얘기로 들릴지도 모릅니다. 다음의 몇 가지 예를 통해서, 이를 한 갓 지난날의 얘기로만 치부하지 말고, 그 의미를 잘 음미해보기 바랍니다.

예 1 어떤 권력자가 조주를 만나러 왔습니다. 그는 당대의 뛰어난 정치가요 막강한 권력자였습니다. 그는 그 지방의 통치자인 아무개가 조주를 만나고자 한다는 메모를 조주에게 보냈습니다. 그러나 조주는 그 종이를 보더니 내던져 버렸습니다. 그리고는 말했습니다. "나는 이 자를 전혀 보고 싶지 않다. 이 자를 내쫓아라."

제자가 가서 그대로 전했습니다. 그 권력가는 무슨 말인지 알아차렸습니다. 그는 다시 종이 위에 자신의 이름과 '스님을 뵙고자 합니다.'라고 썼습니다. 그 메모가 다시 조주에게 전달되었고, 이를 본 조주는 말했습니다. "음, 그 자로군. 들여보내라."

권력자가 안에 들어와서 "왜 굳이 그런 식으로 행동하셨습니까?"라고 물었습니다. 조주가 대답했습니다. "여기서는 가면은 용납되지 않습니다. 통치자란 가면입니다. 나는 당신을 매우 잘 알지만 가면은 알아보지 못합니다. 당신이 가면을 쓰고 오면 허락되지 않습니다. 자, 이제는 됐습니다. 다음에 오실 때는 '통치자'는 집에 두고 가져오지 마십시오."

예 2 도를 깨친 사람은 남에게서 영향을 받지 않습니다. 도인은 누구와도 어울릴 수 있습니다. 부처는 999명의 사람을 죽인 살인자와도 어울렸습니다. 이 살인자는 1천명을 죽이겠다고 공언했고, 그 마지막 한 사람이 부처였습니다. 마침내 그는 부처를 만나게 되었습니다.

그 살인자의 이름은 알려져 있지 않고, '사람의 손가락뼈로 목걸이를 만들어서 걸고 다니는 자'라는 뜻의 '앙굴리말라'라고 불려졌다고만 전합니다. 그는 사람을 죽이면 자기가 죽인 사람의 숫자를 기억하기 위해서 그 손가락을 잘라서 목걸이에 꿰어 넣었기 때문입니다. 이렇게 해서 999개의 손가락뼈가 모였고, 한 명만 더 죽여 천을 채우려 할 때 부처가 그의 앞에 나타났습니다.

부처는 다른 마을로 가기 위해 길을 가고 있었습니다. 앙굴리말라가 부처를 향해 "멈추어라!" 하고 소리쳤습니다. 부처가 말했습니다. "훌륭하다. 내가 사람들에게 말해온 것이 바로 멈추라는 것이다. 그러나 듣는 사람이 없다." 앙굴리말라는 순간 이 자가 미친 것이 아닌가, 어리둥절해졌습니다. 부처는 앙굴리말라를 향해서 걸어 갔습니다.

앙굴리말라가 다시 소리쳤습니다. "멈추어라. 너는 아직 내가 누군지 모르는 것 같은데, 내가 바로 그 유명한 앙굴리말라이다. 나는 일천 명을 죽이기로 작정했고 이제 한 명만 더 죽이면 그 맹세가 실현된다. 가까이 오면 너를 죽이겠다. 하지만 네가 다른 사람과 달라 보이니 지금 도망치면 너만은 살려 주겠다."

부처가 말했습니다. "그런 말 하지 말라. 나는 평생 동안 도망쳐본 적이 없다. 그리고 멈춘 것으로 말하면 나는 이미 40년 전에 멈추어섰다고 할 수 있다. 그 후 내 안에 움직임은 없다. 또한 나를 죽이는 것으로 말하자면, 그것은 네 마음대로 할 수 있다. 모든 태어난 자는 죽기 마련이다. 그러나 나를 죽이기 전에 한 가지 부탁을 들어주기 바란다. 그것은 힘든 것도 아니다."

앙굴리말라가 말했습니다. "좋다, 그것이 무엇인가? 빨리 말하라." 부처가 말했습니다. "저 나뭇잎을 두 장만 따와라." 앙굴리말라가 나뭇잎 두 장을 따가지고 왔습니다. 부처가 말했습니다. "그것을 다시 제 자리에 갖다 붙여라." 앙굴리말라는 이렇게 말하는 부처의 모습에서 무어라 말할 수 없는 신비한 기운을 느꼈습니다.

부처가 말했습니다. "그대의 힘은 파괴할 줄만 안다. 위대한 것은 창조하는 것이다. 그것이 나의 도이다." 그 순간 앙굴리말라는 부처의 발아래 무릎을 꿇었습니다. 그리고 그의 제자가 되기를 원했습니다. 앙굴리말라는 부처를 바꿀 수 없었지만, 부처는 그를 바꾸었습니다.

예 3 라즈니쉬는 어렸을 때 아버지에게 담배를 피우고 싶다고 말한 적이 있습니다. 갑작스런 그의 말에 아버지는 놀랐지만 그는 당당하게 말했습니다. "저는 담배를 피워보고 싶습니다. 담배를 사게 돈을 주세요. 저는 돈을 훔치고 싶지는 않습니다. 그렇지만 돈을 주시지 않으면 훔칠 수밖에 없습니다.

물론 담배를 피우는 것을 허락하지 않으셔도 저는 담배를 피울 것입니다. 숨어서 피우겠죠. 그렇게 되면 아버지는 저를 도둑으로 만드는 것이고, 또 뭔가를 숨기도록 만드는 것입니다. 저는 솔직하지 못한 사람이 될 것입니다. 한번 담배 맛을 보고 싶습니다. 첫 번째 담배는 아버지 앞에서 피우고 싶습니다."

아버지는 이렇게 말했습니다. "그건 정상적인 일이 아니다. 그렇지만 네 말도 옳다. 내가 못하게 한다면 너는 도둑질을 할 것이다. 내가 반대해도 넌 담배를 피울 것이고 너를 나쁜 길로 들어서게 할 뿐이다. 그럴 수는 없다. 하지만 난 네가 담배를 피우지 않았으면 좋겠구나."

그가 말했습니다. "하지만 저는 사람들이 담배를 피우는 모습을 보면서 저도 한 번쯤 그 기분을 느껴보고 싶습니다. 그러고 나서 계속 담배를 피우고 싶은 욕망이 일면 아버지는 저에게 계속 담배를 사주셔야 합니다. 물론 그 반대라면 절대 담배를 사달라고 하지 않겠습니다."

그가 끝내 뜻을 굽히지 않자, 아버지는 할아버지의 만류를 뿌리치고서 담배를 사주면서 이렇게 말했습니다. "저도 그러면 안 된다는 것쯤은 알고 있습니다. 그러나 저 아이는 자기가 말한 대로 할 것입니다. 저는 저 아이의 진실성을 존중합니다. 자신의 계획을 분명히 말해주었으니까요. 저를 막지 마세요. 죄책감을 느끼게 됩니다."

그는 그 담배를 피웠습니다. 기침이 났고 눈물이 나왔습니다. 한 개비도 제대로 피우지 못한 그는 결국 담배를 내던지고 말았습니다. 그러고는 아버지에게 말했습니다. "더 이상 담배를 피우지 않겠습니다. 걱정하실 필요는 없습니다. 그러나 저는 제가 느낀 대로 아버지께 얘기하고 싶고 아버지가 제 생각을 이해해주셨으면 좋겠습니다. 아버지께는 아무 것도 숨기고 싶지 않습니다. 만일 제가 아버지께도 뭔가를 숨겨야 한다면 누구에게 제 속내를 털어놓을 수 있겠습니까?"

예4 한 현자가 어느 가정에 머물고 있을 때의 일입니다. 그가 잔디밭에 앉아 있는데 작은 소년이 그 주변에서 놀고 있었습니다. 그는 그 소년과 말을 시작했고 그 애에게 물었습니다. "애야 너는 장차 어떤 사람이 되고 싶으니?" 소년이 대답했습니다. "내 생각에는 아마도 나는 미친 사람이 될 것 같아요."

"아니 왜 그런 생각을 하지?" "엄마는 내가 의사가 되기를 원하고, 아빠는 기술자가 되기를 원해요. 또 삼촌은 내가 과학자가 되기를 바라요. 그들은 나를 미친 상태로 몰아가고 있어요. 내가 무엇이 되고 싶은지 묻는 사람은 아무도 없어요. 그들은 서로 자기 생각이 옳다고 내세우면서 그들끼리 결정하고 그들끼리 말다툼을 하지요. 그들은 모두 나를 통해서 자기들의 야망을 이루려 하는 것 같아요."

그래서 그가 소년에게 말했습니다. "아니오! 라고 말하는 법을 배워라. 미칠 필요는 없다. 네가 무엇을 원하는지 당당하게 말하고 그것을 위해서라면 어떤 위험과도 맞서서 싸워라. 그러면 결코 불행해지지 않을 것이다. 너는 부자나 유명인사가 되지 못할지도 모른다. 그러나 진실로 의미 있는 것은 돈으로 살 수 없다.

무엇이 되든지 간에 네가 원하는 대로 되었음에 깊이 만족한다면 너는 세상에서 가장 부유한 사람이 될 것이다. 부유함은 은행에 돈이 얼마나 들어 있느냐 하는 것과는 아무 상관도 없다. 부유함은 네 운명을 달성했다는 만족감과 성취감, 즉 내적인 즐거움으로 이루어진다."

이상의 이야기들을 통하여 우리는 얼마나 말의 진실을 가리고 살아가고 있는지, 얼마나 많은 가면을 쓰고 파괴를 일삼으며 사는지, 이 세상의 모든 부모들이 진실로 부모의 역할을 하고 있는지 돌아보게 됩니다.

유년기를 지나온 십대들은 이제 젊은이가 되기 위한 변화와 맞닥뜨려야 합니다. 그들에게는 매일매일 새로운 삶의 지평이 열립니다. 그들은 생의 전환기에 놓여있고 부모의 도움이 절실합니다.

그럼에도 그들은 부모를 만나지 못하고 있습니다. 엄연히 같은 집에 살지만 이야기를 나누지 못합니다. 서로의 말을, 서로의 관점을 이해하지 못하기 때문이지요. 부모에게 무슨 말이든 할 수 있도록 북

돌위주어야 합니다. 이것은 자녀뿐만 아니라 부모에게도 도움이 됩니다.

진실은 그 자체로 아름답습니다. 자녀가 마음을 열고 진실하게 부모에게 다가서면, 부모의 내면에 있는 그 어떤 것을 건드리게 됩니다. 그러면 부모도 가슴을 열게 되지요. 그러나 사회적 관습은 부모와 자식이 서로의 가슴을 열도록 내버려 두지 않습니다.

진실한 말의 귀한 예들을 들어주셔서 감사합니다. 교활한 말은 너무 자주 들어서 신물이 날 정도지만, 혹 멋진 예를 들어주실 수 있으신지요. 그래야 균형이 맞을 것 같습니다.

그렇습니다. 거지나 도둑에도 멋지고 근사한 자들이 있고, 스포츠에서도 구차하게 이기는 것보다 멋지게 지는 것이 나을 수 있고, 인생도 구차하게 사는 것보다 멋지게 죽는 것이 좋을 수도 있듯이, 교활한 말에도 그 재치가 주옥처럼 빛나는 것들이 없지 않습니다. 잠시 그 몇 가지 예를 음미해보기로 합니다.

예 1 이란의 왕이 선물과 함께 나스루딘을 인도의 왕에게 사신으로 보냈습니다. 나스루딘은 인도에 도착하여 "폐하는 보름달 같은 분이십니다."라고 왕에게 말했습니다. 나스루딘을 시기하던 신하가 즉시 이란으로 달려가 왕에게 일러바쳤습니다. 왕은 이 말을 듣고 매우 분노했습니다. 나스루딘은 이란으로 돌아온 즉시 왕에게 불려갔습니다. 왕이 말했습니다. "나는 누구인가? 인도의 왕이 보름달이라면 나는 무엇이란 말인가?"

나스루딘이 웃으며 말했습니다. "폐하는 초승달이십니다." 왕이 말했습니다. "그 말은 인도의 왕이 나보다 위대하다는 뜻이 아닌가?" 나스루딘이 말했습니다. "아닙니다. 인도의 그 늙은 왕은 보름달입니다. 보름달 후에는 오직 죽음만이 기다리고 있을 뿐입니다. 하지만 초승달에게는 더 많은 삶이 남아 있습니다. 인도의 왕은 시들어가지만 폐하의 왕국은 앞으로 크게 번창할 것입니다. 초승달이 보름달보다 못하다고 말하는 자가 누구입니까?"

나스루딘의 해석은 완벽했습니다. 궁전 밖으로 나왔을 때 그의 친구들이 말했습니다. "자네는 정말 재치가 보통이 아니네. 위기를 잘 넘겼네. 우리는 자네가 그 상황을 어떻게 넘길지 몹시 걱정했다네." 나스루딘이 말했습니다. "방법은 항상 있기 마련이네. 말싸움에 관한 한 그들은 나를 이길 수 없지."

예 2 열자가 살고 있는 마을에서 일어난 이야기입니다. 마을에서 제일 잘사는 부자가 강을 건너고 있을 때였습니다. 강은 범람하고 있고 강한 바람이 불어 강 한가운데서 배가 전복하였습니다. 뱃사공은 겨우 살아났지만 그는 부자를 구출할 수가 없었습니다. 부자는 물에 빠져 죽었습니다. 수색이 벌어지고 한 어부가 시체를 발견했습니다.

그런데 그는 엄청난 금액을 요구했습니다. 유족은 고민 끝에 가장 유능한 변호사를 찾아가 상의했습니다. 변호사는 말했습니다. "걱정할 것 없어요. 우선 수임료를 두둑하게 내시오. 그러면 방법을 가르쳐 드리리다." 그는 수임료를 받아들고 말했습니다. "그대로 기다리시오. 그 녀석, 그 시체를 누군가 다른 사람에게 팔 수 없을 거요. 끝내 넘겨주지 않을 수 없을 거요. 당신 말고는 아무도 그 시체를 사려고 하지 않을 테니까요."

며칠이 지났습니다. 어부는 걱정이 되기 시작했습니다. 시체에서는 악취가 나기 시작했습니다. 그도 그 변호사에게 가서 상담했습니다. 그는 말했습니다. "우선 수임료를 듬뿍 내시오. 그러면 도움이 될 충고를 해 주리다." 어부는 떼돈을 벌 것으로 기대하고 돈을 꾸어다 바쳤습니다. 변호사는 돈을 받아들고는 말했습니다. "끝까지 기다리고 있으시오. 유족은 시체를 어딘가 다른 곳에서는 살 수가 없으니까요. 그들은 굽히지 않을 수가 없을 것이오."

예 3 어느 깨끗한 도시의 한 부동산 업자가 부유한 고객에게 부동산을 보여주며 온갖 노력을 다해 설득하고 있었습니다. "이곳 날씨는 이 나라에서 최고입니다. 아실지 모르겠지만, 여기서는 아무도 죽는 사람이 없답니다."

바로 그때, 그들의 눈앞에 한 장례 행렬이 나타났고 천천히 거리를 따라 행진하며 시야에서 사라졌습니다. 부동산 업자는 순간적으로 몹시 당황했지만 재빨리 정신을 차리고 모자를 벗어 경의를 표하며 엄숙하게 말했습니다. "불쌍한 장의사 양반, 굶어서 죽다니."

예 4 한 어부가 하루 종일 낚싯대를 드리웠지만 물고기를 한 마리도 잡지 못했습니다. 그는 마누라의 바가지가 걱정되어 시장에 가서 크고 아름다운 물고기 세 마리를 샀습니다. 그리고는 장사꾼에게 그 물고기를 땅에 던지라고 말했습니다. 장사꾼은 시키는 대로 하였습니다. 그러자 어부는 얼른 그것을 다시 잡아 올렸습니다.

장사꾼이 이상하게 여겨 그 이유를 물었습니다. 그러자 어부는 말했습니다. "아무 것도 아닐세. 자네는 던졌고 나는 잡았지. 나는 거짓말을 하고 싶지 않네. 그래서 내 손으로 이 물고기를 잡는 것을 당신에게 보여주는 것일세. 정직하게 살고 싶은 때문이지."

그는 아내를 속일 수 있습니다. 하지만 자신을 어떻게 속이겠습니까. 그것은 정직이란 이름으로 포장된 거짓입니다. 소위 배웠다는 사람들이 바로 그런 경우입니다. 그들은 물고기를 잡았습니다. 하지만 그것은 자신의 손으로 잡은 것이 아니라 시장에서 돈을 주고 산 것입니다. 진리는 사고 팔 수는 없는 것입니다.

우리 주위에서도 교언의 예는 얼마든지 찾아볼 수 있습니다. 고위직 정치인들은 자신의 실수에 대해 사과하는 대신 흔히 '유감을 표한다.'고 돌려 말하는 것을 자주 듣습니다. 이는 정말 적반하장입니다. 유감이란 다른 사람의 잘못에 대해 내가 가지고 있는 섭섭함을 이르는 말입니다. 국어사전의 다음 같은 예가 참고 될 수 있습니다. '다른 사람도 아닌 자네가 그런 생각을 가졌다니 정말 유감스럽네.'

우리는 남에게 실례를 범했을 때 사과합니다. 그러나 사과는 윤활유처럼 싸움을 피하기 위한 하나의 장치이기 쉽습니다. 설명은 책임을 다른 어떤 것에게로 전가하는 하나의 대용물입니다. "나는 무의식적이었습니다. 그래서 그만 당신의 발을 밟고 말았습니다." 이렇게 말하지 않고, "장소가 대단히 복잡하군요." 이렇게 말하곤 하지요.

이렇게 우리는 의도적으로 필요에 의해 교언영색의 자세를 취할 뿐만 아니라 무의식적으로 이렇게 사는 데 익숙해져 있습니다.

교언은 모두 나쁜 것입니까? 진리도 때로는 교언처럼 보이는 것이 있는 듯한데, 그러면 이는 진리가 아닙니까, 혹은 교언이 아닙니까?

표면적으로 볼 때, 교언과 진리의 경계가 모호한 것처럼 보일 때가 없지 않습니다. 그래서 궁극적인 진리는 말로 표현할 수 없다고 하기도 합니다. 진리는 어디에도 구애되지 않고 진실을 나타내기 위해서라면 어떤 형식도 마다하지 않을 만큼 용감하고 자유롭지요. 교언은 진실을 가장한 표현이고 진리는 결과적으로 우연히 교언의 형식을 취한 것입니다. 그러므로 교언은 형식보다 동기와 목적에 의해 구분할 수 있습니다.

비유하자면 진리와 교언의 차이는 생화와 조화의 차이와 같다고 할 수 있을까요. 멀리서 보면 똑같을 수 있습니다. 어쩌면 조화가 더 아름다울 수도 있습니다. 그러나 조화에는 생명도 향기도 없지요. 다음에 교언으로 오해하기 쉽지만 결코 교언이 아닌 예들을 살펴봅니다.

예 1 버나드쇼는 "유일한 황금률은, 황금률은 결코 존재하지 않는다는 것"이라고 말했습니다. 모든 개인은 각자 독특하여 어떠한 법칙도 모든 인간을 망라할 수 없기 때문에 황금률은 존재할 수 없다는 것입니다.

예 2 노자에게만 있는 독특한 특성은 그가 아무런 특성도 가지고 있지 않다는 것입니다. 그는 지극히 평범합니다. 그래서 길에서 그를 만난다 해도 우리는 결코 그가 깨달은 자라는 것을 알아보지 못할 것입니다. 그는 배우도 정치가도 아닙니다. 그는 연기자가 아닙니다. 그에게는 스스로 드러내 연기해야 할 에고가 없습니다. 그는 다른 사람에게 자기를 확인시키기 위해 존재하는 것이 아닙니다.

예 3 평범한 마음은 비범한 상태를 동경합니다. 그것이 곧 평범함의 일부입니다. 비범함은 우리가 비범함을 동경하지 않을 때 일어납니다. 그때 비로소 그 여행은 시작됩니다. 그때 새로운 씨앗은 싹틉니다.

예 4 행복은 성취해야 할 어떤 것이 아닙니다. 행복은 우리의 본래 모습입니다. 모든 사람은 행복할 수 있습니다. 행복할 만한 까닭을 구하지 않는다면 누구나 전혀 까닭 없이 행복합니다.

예 5 소크라테스는 자기 존재에 독약을 허용하지 않기 위해서 독배를 감수했습니다.

예 6 김정희가 그린 난은 명품이 아닌 것이 없을 정도로 유명합니다. 그는 그 비결을 이렇게 말했습니다. "난을 그리는 데는 특별한 방법이 없다. 그렇다고 아무런 방법도 없다고 말하는 것은 옳지 않다."

예 7 하루는 어떤 물고기가 여왕 물고기를 찾아와서 물었습니다. "저는 바다에 관한 이야기를 많이 듣고 바다에 관해 많은 이야기를 했습니다. 그렇지만 정말 바다는 어디에 있는 것입니까?"
여왕 물고기는 웃으며 이렇게 말하였습니다. "그대는 바다에서 태어났으며 바다 속에서 살고 있다. 바로 지금 이 순간에도 그대는 바다 속에 있고, 바다는 그대 속에 있다. 그리고 언제인가 그대는 그 바다 속으로 사라질 것이다."
이 질문은 우리가 처하고 있는 상황과 똑같습니다. 바다가 항상 있는데 물고기가 그것을 어떻게 알겠습니까. 우리가 진리를 깨닫지 못하고 있는 것은 그것이 너무 멀리 있어서가 아니라 너무 가까이 있기 때문입니다. 그것을 놓치고 있는 것은 그것을 한 번도 놓쳐 본 일이 없기 때문입니다.

4

음미하지 않는 삶은
살 만한 가치가 없다

曾子曰 吾日三省吾身 爲人謀而不忠乎 與朋友交而不
증자왈 오일삼성오신 위인모이불충호 여붕우교이불

信乎 傳不習乎
신호 전불습호

증자가 말하였다. "나는 하루에 세 가지로 나 자신을 반성한다. 남을 위해서 일을 도모함에 성의를 다하지 않았는가. 친구와 더불어 사귀면서 신의를 저버리지 않았는가. 익히지 못한 것을 전했는가."

주해 ─────────────────────────────

吾 나 | **日** 하루, 매일 | **三省** 세 가지로 반성하다, 이 자체로는 '세 번 반성한다'는 뜻도 가능하나, 뒤에 세 가지 항목이 나열된 것으로 보아 전자가 자연스럽다. | **吾身** 나 자신 | **人** 타인 | **謀** 도모하다 | **而** 앞뒤 구절을 연결해주는 말 | **忠** 진심으로 최선을 다하다 | **乎** 의문을 나타내는 허사 | **與** 더불어 | **朋友** 벗 | **交** 사귀다 | **信** 신의를 지키다 | **傳** 전하다, 가르치다 | **習** 익히다

하루하루의 삶에서 인간관계에 최선을 다하고 사람들에게 진리를 일깨우는 일에서도 추호의 거짓됨도 용납하지 않으려고 자신을 돌아보고 또 돌아보는 자세는, 우리의 삶에 귀감이 되고도 남습니다.

반성에는 여러 차원이 있을 수 있습니다. 흔히 사람들은 행위에 대해 반성하는 데 그치지만, 구도의 길을 걷는 사람들은 한층 깊이 들어가 생각에 대해서 그리고 느낌에 대해서도 반성할 것을 잊지 않지요. 육체, 마음, 가슴 이 세 가지 차원 모두가 반성의 대상이 될 수 있습니다. 라즈니쉬는 다음과 같이 반성하는 삶을 심화할 것을 강조하였습니다.

'그대의 존재와 행동의 맨 밑바닥까지 들어가 살펴보라. 돌아보아야 할 것은 어떤 특정한 행위에 대한 것이 아니다. 더욱 중요하고 더욱 근본적인 것은 그대의 존재의 전체적인 질에 대해서이다. 그대가 존재하는 방식과 스타일에 관한 것이다. 그대는 지금까지 완전히 잘못된 방식으로 존재해 왔다.

그대는 모든 인간관계에서 조금도 태만하거나 오만하지 않았을지도 모른다. 그러나 잘못되긴 마찬가지다. 이는 무엇을, 어떤 행위를 했느냐에 대한 문제가 아니다. 그대가 어떻게 존재해 왔느냐에 대한 문제이다. 그대는 지난 세월 동안 전혀 깨어 있는 삶을 살지 못하고 항상 어둠 속에서만 살아온 것이다.'

우리의 삶을 관찰해 보면 원을 그리며 움직이고 있음을 알 것입니다. 우리는 똑같은 어리석음을 수없이 되풀이합니다. 우리는 계속해서 똑같은 그물에 걸리지요. 우리의 삶에는 새로운 것이 거의 없습니다. 심지어는 우리의 실수조차 새롭지 않습니다.

수시로 삶의 주위를 돌아보고, 작은 습관이라도 하나하나 세세히 관찰하여야 합니다. 때로는 아주 작은 것이 우리의 삶 전체를 변화시킬 수도 있기 때문이지요. 때로는 그것이 매우 간단한 것일 수도 있으나 그것이 우리의 삶을 믿을 수 없을 정도로 완전히 뒤바꾸어 놓을 수 있습니다.

지난 일을 돌아보는 한 수단으로 일기쓰기를 들고 어려서부터 일기 쓰기가 강조되고 있는데, 삶을 돌아보는 것이 왜 그리 중요한지요?

과거를 돌아보는 것은 보다 나은 미래를 위한 것입니다. 사실 보다 나은 미래를 위한 길은 이밖에 없습니다. 그러나 타성에 젖어 살기 때문에 삶은 앞으로 나아가지 못하고 웅덩이의 물처럼 침체될 수밖에 없지요. 우리는 틈틈이 우리 삶의 주변을 돌아보아야 합니다. 작은 습관이라도 세심히 관찰해볼 필요가 있지요. 아주 작은 것이 삶 전체를 변화시킬 수도 있기 때문입니다.

사람들이 살아가는 모습은 크게 두 가지로 나누어볼 수 있습니다. 하나는 말처럼 단순히 앞만 보고 달려가는 삶이고, 다른 하나는 소처럼 천천히 되새김질하면서 걸어가는 것입니다. 이 세상을 살아가면서 수시로 자신을 돌아보는 것은 자신의 발전과 성장을 위해서 매우 보람 있는 일입니다. 소크라테스는 '음미되지 않는 삶은 살만한 가치가 없다.'고 하였습니다. 인간은 정신적 반추동물이 되어야 한다는 것입니다.

과거를 돌아보아도 더 나은 미래로 연결시키지 못하는 사람이 많은 것 같습니다. 이는 과거를 돌아보는 자세에 문제가 있기 때문이 아닐까요?

옳은 말입니다. 과거를 돌아보는 일보다 과거를 돌아보는 자세가 더 중요하다고 할 수 있습니다. 지난 일을 돌아보는 데는 편견 없는 냉철한 마음가짐이 요구됩니다. 그래야 잔잔한 호수에 달이 비치듯이, 먼지 없이 맑게 닦인 깨끗한 거울에 얼굴이 비치듯이 삶의 파편들이 선명하게 비칠 것입니다.

우리의 의식을 고요한 호수로 만들어서 하늘 전체가 그 안에 비치게 해야 합니다. 무심의 상태에서 스스로 거울이 되면, 거기에 내 안의 모든 것이 비칠 것입니다.

이렇게 되자면 마음을 초월할 필요가 있습니다. 물론 이것은 단번에 이루어지지는 않고, 매 순간 다시 또 다시 이를 초월하도록 극기의 수련을 할 필요가 있습니다. 마음은 끊임없이 우리를 굴복시키려 하기 때문이지요. 살면서 경험한 것은 모두 우리 마음의 영양분이 되며 이를 초월한다는 것은 곧 이를 버리는 것입니다.

단번에 전부 버릴 수는 없고 순간순간 끊임없이 버려야 합니다. 무엇이든 쌓이는 것은 버려야 합니다. 일상사를 버리고 각종 이데올로기를 버리고 모든 사상을 버려야 합니다. 그러면 의식은 그 무엇에 물들거나 왜곡되지 않고 순수 상태에서 사물을 바로 볼 수 있습니다. 이것이 바로 구도적인 삶의 자세입니다.

증자의 반성은 인간관계를 중심으로 이루어지고, 인간관계는 크게 타인과 붕우의 두 범주로 나뉘는데, 붕우와 구분되는 타인과의 관계란 어떤 것인지요?

사람은 저마다 나 아닌 다른 사람들과 함께 한 세상을 살지요. 내 의사와는 전혀 무관하게 숙명적인 관계 혹은 우연한 인연으로밖에는 달리 생각할 수 없는 사람들과 함께 사는 것입니다. 이런 관계에서 아이들은 부모와, 부모들은 친척들과 함께 살고 있으며, 나아가서는 이웃과 동포와 깊은 유대 속에서 함께 살아갑니다. 이렇게 모든 사람이 여러 관계 속에서 살아가고 있습니다.

하지만 엄밀히는 함께 있음이 무엇인지 전혀 모르는 채로 여러 해 동안 혹은 평생을 그냥 함께 살아갑니다. 사람은 누구도 혼자 살지 않으면서 한 순간도 함께 살지 않는 것처럼 살고 있기 때문에, 다른 사람에 대하여 내 할 도리를 다했는지 반성하는 증자의 통찰은 대승불교의 '로종'을 연상케 합니다. 로종이란 모든 사람이 이런저런 방식으로, 알게 모르게 우리에게 베풀고 있는 친절함에 대해 깊이 생각하는 수행법입니다.

인생을 살아가면서 알게 모르게 친절을 베푼 사람들을 떠올릴 수 있지요. 우리를 살아 있게 하고 행복하게 하는 모든 것들, 생각하면 음식과 집과 명성까지도 모두 다른 사람들의 협력과 도움으로 얻어집니다.

현대인의 삶에서 가령 전기 기술자들이 단 하루만 일손을 놓아도 생활 전체가 마비되지요. 특히 너도 나도 농촌을 떠나 사는 터에, 농업에 종사하는 사람이 없다면 어찌 되겠습니까. 삶은 모든 면에서 다른 사람들이 관여하는 가운데 진행되는 것입니다. 삶은 무수한 타인과 깊이 연결되어 있지요. 따라서 서로서로 친절에 보답하지 않으면 안 됩니다.

삶은 상호 연결되어 있으며, 지상의 모든 사람은 다른 사람들과 밀접하게 연관되어 있습니다. 삶이란 모든 것이 상호 유기적으로 연결되어 있는 생태계와 흡사합니다. 하나의 고리로 엮어져 있는 결합 관계로 되어 있다고 할 수 있습니다.

그러면 타인에 비해서 벗(붕우)의 본질은 무엇인지, 왜 이것이
신의와 관련되는지 알고 싶습니다.

벗이란 넓은 의미로 우리가 선택해서 만난 모든 사람들, 즉 친구를
비롯해서 연인, 스승 등을 포함하는 포괄적 개념입니다. 붕우 관계에
서는 자유 의지로 선택한 것에 대한 책임을 저버릴 수 없으며, 이것
이 신의를 지켜야 하는 이유입니다.

부모 형제와 같은 가족은 선택할 수 없으나 친구는 선택합니다. 연
인 또한 선택할 수 있습니다. 연정은 우정의 연장이지요. 이들과 신
의를 지키기 위해서는 품위 있고 덕이 있는 사람과 벗하여야 합니다.
덕이 있는 친구란 같이 있음으로써 우리 안에서 무엇인가 거대한 에
너지가 흘러 우리가 높이 솟아오르게 하는 사람을 의미합니다. 친구
를 선택할 수 있으면, 궁극적으로는 스승 또한 선택할 수 있습니다.
스승은 궁극적인 친구입니다.

친구를 선택했으면 그의 조언을 들을 줄 알아야 합니다. 그는 조언
을 강요하지 않을 것입니다. 그냥 부드럽게 속삭여 줄 것입니다. 그
는 소리 높여 논쟁하지도 명령하지도 않을 것입니다. 넌지시 암시하
며 의견을 제시할 것입니다.

이것은 스승의 경우에도 마찬가지이지요. 세상의 많은 지도자들처
럼 그들은 풍부한 지식을 증명하기 위해 외치지 않습니다. 자신의 삶
에 충실하고 안으로 만족해하는 사람은 자기 존재에 충실하고 자기
만을 응시하므로 크게 외칠 필요가 없습니다. 다만 이따금 낮은 목소
리로 진심의 말을 속삭여 줄 것입니다.

신의란 이런 나직한 조언에 귀 기울이고, 그의 삶을 보고 교훈을
얻으며 사소한 불만으로 그를 떠나지 않는 것입니다. 마찬가지로 나

도 같은 방식으로 무언가를 그에게 베풀어줄 준비가 되어 있어야 합니다. 우정은 호혜적 관계이기 때문이지요

진정한 우정은 쌍방이 하나로 묶여 긍정적인 방향으로 나아가는 하나의 전체입니다. 그 때 삶이란 두 사람 사이의 어우러짐이고 두 사람은 서로 도우며 풍족하게 합니다. 혼자서는 그렇게 멀리 가지 못할 것입니다. 둘이 함께 묶여질 때 그들은 상호 보완적입니다.

그러나 지금은 우정이란 것이 세상에서 사라져 버린 지 이미 오래되었습니다. 지금 우리들이 우정이라고 부르는 것은 옛 사람들이 의미했던 우정과는 많이 다릅니다. 우리들의 우정은 단지 우연적인 것일 뿐입니다.

같은 사무실에 근무하면서 친해지거나 같은 학교에 다니면서 가까워지는 것, 이것은 진정한 우정이 아니지요. 진정한 우정은 뜻이 맞는 이라면 천리라도 멀다 않고 찾아와 함께 어울릴 수 있는, 그런 관계를 말합니다.

보통 충忠이라면 나라에 충성하는 것을 생각하게 되는데, 사람과의 관계에서 최선을 다한다는 뜻의 충忠은 어떤 자세를 말하는 것인지요?

충忠은 본래 국가에 대한 백성의 충성과 같은 것이 아니었습니다. 충은 '가운데 중中'과 '마음 심心' 자가 결합한 모양대로 '가장자리가 아닌 한 가운데 즉 속에서 우러나온 참된 마음'을 의미합니다. 이런 순수한 마음으로 일에 임하는 것이 충의 자세입니다. 이런 자세로 임할 때 무슨 일을 하든지 오로지 그 속에 몰입하고 다른 곳에 마음을 빼앗기지 않게 될 것입니다.

이는 환患이란 한자와 비교해보면 그 뜻이 더욱 분명히 드러납니다. 환이란 중심이 여럿이라 갈등을 일으킴으로써 근심스러운 상태를 말합니다. 대체로 사람은 그 내면에서는 하나의 군중입니다. 마음이 하나인 사람은 매운 드물지요. 사람에겐 많은 마음들이 있습니다. 그래서 우리는 다중인격입니다.

입으로는 이걸 말하면서 마음은 저걸 원하고, 그러면서도 여전히 이것에 대하여 지껄입니다. 우리 각자는 단일체가 아닙니다. 그러나 가슴은 언제나 하나이지요. 가슴은 이원성을 모릅니다. 그것은 군중이 아닙니다. 그것은 단일체입니다. 우리가 가슴에 가까이 다가갈수록 일원성이 다가오고 다원성은 멀리 사라집니다.

충의 자세는 잡념이 없이 한 마음으로 몰입할 때 일어납니다. 가령 샤워를 할 때도 거기에 몰입해서 크고 작은 다른 일은 완전히 잊어버릴 정도가 되면 이 또한 충의 상태라 할 수 있지요. 그 순간 샤워 행위는 전 우주가 됩니다.

모든 것이 멈추고 세상이 자취를 감춥니다. 거기에는 오직 나와 샤워만이 남습니다. 그때 나는 각각의 동작과 함께 움직여 가고 어떤 것도 뒤에 남기거나 건너뛰지도 않습니다. 그러면 잡념은 사라지고 오직 샤워로써 상쾌한 마음만이 있게 됩니다.

책임과 의무 그러면 일상의 조그만 일에서 순수한 마음으로 기쁘게 다른 사람을 보살펴 주는 것이 어떤 것인지 그 예를 살펴봄으로써 충의 개념을 구체적으로 음미해보고자 합니다.

라즈니쉬가 어렸을 때 그의 할아버지는 곧잘 다리를 주무르게 하곤 했다 합니다. 그러면 그는 '네' 하고 다리를 주물러 드리기도 하고, '싫어요' 하고 거절하기도 했습니다. 그가 거절할 때 할아버지는 의아해서 "왜 무슨 일이 있니? 너는 곧잘 내 다리를 주물러 주지 않았니?" 하고 물었습니다. 그는 "내가 싫다고 할 때는 그것이 의무이기 때문이고, 그것이 책임일 때 나는 기꺼이 주물러 드려요." 하고 대답하였습니다.

할아버지가 그 둘이 어떻게 다르냐고 물으니, "내가 사랑을 느끼며 할아버지의 다리를 주물러 드리고 싶을 때 나는 기꺼이 그렇게 해요. 그러나 그것이 단순히 형식적인 것이라고 느낄 때, 즉 할아버지가 그렇게 하라고 하셨기 때문에 내가 해야 할 때, 아이들이 밖에서 놀며 나를 부르고 있기 때문에 내 마음이 할아버지 곁에 있지 않을 때, 그 때 억지로 참고 할아버지 말을 따르는 것은 추한 것이기 때문에 그것을 하고 싶지 않아요." 라고 대답하였습니다.

사전에서 의무와 책임은 동의어일지 모르지만 인생에서는 결코 그렇지 않습니다. 삶에서는 오히려 정반대입니다. 의무가 타인 지향적이라면 책임은 자기 지향적이지요. '내가 그것을 해야 한다'고 말할 때 그것은 의무입니다.

'어머니가 편찮기 때문에 나는 어머니 곁에 있어야 한다.'는 의무는 타인 지향적입니다. 이때는 어떤 책임감도 갖지 않게 됩니다. 단지 어머니이기 때문에 사회적 공식을 이행하고 있을 뿐, 그녀를 사랑하는 마음은 없습니다. 스스로 꽃을 들고 병원에 가서 어머니의 시중을 들고 그 옆에 앉아 다리를 주물러 주고 싶은 마음은 결코 의무가 아니고 책임일 것입니다.

진실로 가슴에서 우러나오는 반응, 책임은 반응할 수 있는 능력을 의미합니다. 우리의 심장이 뛰고 우리는 그녀를 안마해주고 보살펴 줍니다. 그것은 그녀가 우리의 어머니이기 때문이 아니라 우리가 그녀를 사랑하기 때문입니다. 우리는 그녀를 한 인간으로서 사랑합니다. 그것은 우리의 가슴으로부터 나오는 하나의 흐름입니다.

어떻게 하면 가슴을 주인으로, 머리를 충직한 종으로 삼을 수 있는지 배우는 것, 이것이 진정한 충의 정신으로 살기 위해 우리가 할 수 있는 모든 것입니다.

마지막 구절인 '전불습傳不習'에 대해서는 꼭 한 가지 해석만 있는 것 같지 않은데, 한문 구조보다 그 뜻으로 볼 때 어떻게 해석하는 것이 좋을까요?

한문과 관련하여서는 되도록 부담을 주지 않으려 하나, 전불습傳不習에 관해서는 한 마디 하는 것이 좋을 듯합니다. 이 구절의 해석에는 두 가지 입장이 있어 왔지요. 하나는 전傳을 습習의 목적어가 도치된 것으로 보는 것으로, '스승으로부터 전해 듣고 배운 것을 익히고 실천하지 않은 것이 있는가.'라고 푸는 것인데, 이는 여러 면에서 자연스럽지 못합니다.

우선 의미면에서 앞의 두 구절도 스승으로부터 전해 듣고 배운 것일 터이므로 의미의 중복을 피할 수 없고, 형식적으로도 그 자체로 완벽한 구문을 굳이 도치로 보는 과정을 개입시키는 것도 번거롭습니다. 게다가 이렇게 함으로써 의미마저 손상을 가져온다면 이는 번거로움을 넘어서 부당한 것입니다.

또 하나의 해석 방식 두 번째 입장은 있는 그대로 불습不習을 전傳의 목적어로 보아서 '제대로 익히지 못한 것을 남에게 가르쳐주었는가.'라고 푸는 것으로, 이렇게 하면 앞의 두 구절과 의미도 중복되지 않을뿐더러 세 항목 모두 남을 위한 나의 행위로 일관성이 유지되고,

의미의 측면에서도 깊은 맛이 있습니다. 잘 알지도 못하면서 선현들의 말씀을 함부로 옮기는 것은 신성모독이지요.

가슴으로 받아들일 수 없는 말을 입으로만 되뇌는 것은 생명을 잃은 것입니다. 거기서는 향기 대신 쓰레기처럼 악취만 풍길 것입니다. 오늘날 이와 같은 일이 전 세계적으로 일어나고 있지요. 그 많은 소위 지도자들을 보십시오. 그들의 대부분은 녹음기일 뿐입니다. 그들은 배웠으나 진정으로 알지는 못하고, 연구는 많이 했지만 자기 자신의 눈을 가지지 못했습니다. 그들의 가슴은 설명을 듣는 사람처럼 죽어 있습니다.

여기서의 인간관계는 사제의 관계가 될 것입니다. 사제 간이란 크게 보면 붕우관계에 속할 수 있으나, 제자들을 가르치는 입장에 있는 증자로서는 그 중의 작은 한 분야를 따로 떼어내어 특별히 다짐하고 싶었을 수도 있습니다.

이를 단순히 중복 표현으로 치부하고 말 일은 아니니, 가령 십계명에서도 다른 신을 섬기지 말라고 하고 또 우상을 섬기지 말라고 한 것이나, 도둑질하지 말라 하고 다시 이웃의 재물을 탐내지 말라고 한 것과 같은 것이 다 이 같은 표현에 해당하는 것입니다. 이는 중복이 아니라 특정한 것을 힘주어 말할 때 애용되는 강조의 한 표현 형식입니다.

증자의 삼성三省은 반성하는 삶의 한 전형처럼 되었는데, 삶의 방식이 많이 변한 오늘날 이를 어떻게 창조적으로 활용하면서 돌아보는 삶을 살 수 있을까요?

증자의 삼성에 대해서는 많은 비판이 있을 수 있습니다. '하루에 세 번'이라든가 '하루에 세 가지'로 반성한다는 표현은 공자의 사상과는 무관한 후대 천유淺儒들의 생각일 뿐이라고 보는 견해도 있습니다.

어찌 인간이 하루에 세 가지만 반성하고 그 세 가지만 반복함으로써 뜻있는 삶을 성취할 수 있느냐는 것이지요. 일리 있는 말입니다. 우리는 이를 한 현자의 개인적인 견해로 참고할 뿐이지, 반드시 이것만이 뜻있는 삶을 위하여 필요하고 충분한 것이라고 생각하지 않는 것이 좋을 것입니다.

사람은 모두 저마다 독특하고 유일한 개인들입니다. 삶에서 반드시 따르지 않으면 안 되는 특정한 양식이란 있을 수 없습니다. 해야 할 것과 하지 말아야 할 고정 불변의 것이란 있을 수 없습니다. 모든 것은 유동적이지요. 어떤 성인이나 스승에게서도 십계명 같은 것을 받고 따를 필요가 없습니다.

위대한 스승은 우리에게 어떻게 살아야 하는지에 대한 상세한 정보를 주지 않는 대신, 자신의 삶을 통하여 통찰력을 나누어 줄 수 있을 것입니다. 그는 개인을 믿으며, 개인의 위엄과 개인의 자유를 믿기 때문입니다.

하루에 몇 번 돌아보아야 하는가도 문제가 되지 않습니다. 세 번 돌아본다든가 자기 전에 돌아본다든가 하는 것은 편의적인 것에 지나지 않습니다. 실제로 우리는 수시로 돌아보며 삽니다. 마치 우리의 눈이 수시로 껌벅거리면서 안구를 닦아내듯이.

눈은 정교하여 끊임없는 청소를 필요로 해서 눈꺼풀이 오르락내리락 할 때, 눈을 통해 육체가 청결을 유지하도록 돕는다고 합니다. 눈에는 눈물샘이 있어서 울 때면 눈물이 흘러나오고, 일상 눈을 깜박거릴 때도 똑같은 액체가 흘러나와 육체의 가장 세밀한 부분에 쌓여있을지도 모르는 미세한 먼지를 씻어냅니다. 눈은 영혼의 창문과 같습니다.

육체와 마찬가지로 우리의 정신도 매 순간 청소를 해야 합니다. 먼지는 끊임없이 거울에 쌓이기 때문입니다. 그것은 자연스런 현상입니다. 지금 이 순간에도 거울에는 먼지가 쌓이고, 아무 일도 일어나지 않는 밤중에도 먼지는 쌓입니다. 매일 아침 거울을 닦는 것처럼, 우리 내면의 거울에 덮이는 마음의 먼지를 닦아내는 일이 자기 성찰입니다.

우리는 보이지 않는 마음속에 쌓이는 정신의 티끌을 수시로 닦아야 합니다. 매 순간 과거와 결별하고 새롭게 태어나야 합니다. 그때 우리는 투명하게 남습니다. 우리의 거울은 깨끗하게 남아 있고, 우리의 시야를 가릴 것은 아무것도 없습니다. 지혜는 우리의 투명함, 우리의 명료함, 우리의 빛나는 존재의 꽃이 피어나는 것입니다.

되돌아보는 일과 비전을 갖는 일의 조화 스스로 되돌아보는 일이 중요한 것처럼 비전을 가지고 사는 것 또한 필요한 일입니다. 그래야 상호간에 균형이 이루어질 수 있을 것입니다. 라즈니쉬는 이렇게 말했습니다.

"내가 무엇을 했고 무엇을 빠뜨렸는가, 스스로 묻기도 전에 잠이 그대의 피곤한 눈을 덮지 못하게 하라. 그대가 오늘 무엇을 했는지 깊이 명상해 보라. 천천히 그대가 오늘 아침 눈을 뜬 순간부터 다시 시작해서 기억을 되살려라. 기억을 되살릴 뿐만 아니라 다시 그 순간을 경험하라.

그대가 눈을 떴던 그 첫 순간. 새들은 밖에서 노래를 하고 있었고, 태양은 그 모습을 드러내고 있었다. 또다시 새들의 노래 소리를 들어

보라. 아침 햇빛이 커튼 사이로 빛나고 있었고 커튼은 햇빛을 받아 황금빛을 띠고 있었다. 그 순간을 다시 살아라. 그리고 천천히 하루 종일 무엇을 하였고 무엇을 하지 않았는지 명상적으로 지켜보라.

무엇이 완결되지 않은 채 남아 있는가? 적어도 상상 속에서라도 그 것을 옳게 고쳐 놓아라. 무엇인가 빠뜨린 것이 있다면 그것 역시 상 상 속에서라도 완전히 해결하라. 이제 원은 완성된다. 그러면 그 결 과에 놀랄 것이다. 그대는 어떤 심리치료도 필요로 하지 않는다. 왜 냐하면 매일매일 그 모든 먼지를 다 떨어버리기 때문이다.

무엇을 했고 무엇을 하지 않았는지 한밤중에 되돌아보는 것이 좋 은 일이라면 아침에 깨어나서 할 일을 생각하는 것 또한 중요한 일이 다. 아침 일찍, 모든 것이 신선하고 그대 또한 충분한 잠으로 생기가 되살아날 때, 그대가 무엇을 할 것인가 하는 비전을 가져보는 것은 매우 좋은 일이다.

깨어나는 바로 그 순간 그대는 하나의 거울이다. 그 거울이 그날 하루의 모든 것을 보게 하라. 작은 씨앗을 그대의 가슴속에 심어라. 이것은 계획이 아니다. 이것은 단지 가슴속에 '이것이 오늘의 비전이 다'라고 작은 씨앗을 심는 일이다. 바로 그 씨앗이 그날의 모든 행동 에 영향을 줄 것이다."

5

정치가의 수준 높은 다스림은
어떤 것인가

子曰 道千乘之國 敬事而信 節用而愛人 使民以時
자 왈 도 천 승 지 국 경 사 이 신 절 용 이 애 인 사 민 이 신

공자가 말하였다. "제후가 천승千乘 규모의 나라를 이끌어갈 때
는 다음 세 가지를 특히 조심해야 한다. 첫째, 크고 작은 일을
구분하지 말고 매사 성실히 하고 정성을 다함으로써 신뢰가
가게 해야 하며,

둘째, 씀씀이는 균형 있게 조절하고 절약하여 백성 한 사람 한
사람을 사랑하고 위하는 일에도 소홀하게 되지 않게 해야 하
며, 셋째, 공적인 일을 위해 백성을 사역에 동원할 경우에는
때를 잘 가려 생업에 지장을 주지 않도록 해야 한다."

주해 ─────────────────────────────────

道 이끌어가다, 導의 뜻으로 본다. | **乘** 병력의 단위, 一乘은 말 네 마리가 끄
는 전투용 수레로, 여기에 장교 3명이 타고, 보병 72명과 군수병 25명이 합
세한다. | **千乘之國** 천승의 전력을 유지할 수 있는 지방 정치 단위로, 제후의
나라 가운데서 큰 편에 속한다. | **敬事** 매사 신중히 생각하고 전념하다. | **節
用** 비용을 조절 혹은 절약하다 | **愛人** 사람들을 사랑하다. | **使民** 백성을 부
리다, 백성을 동원하여 공적인 일에 투입하다. | **以時** 적당한 때로 한다는 것
은 농번기를 피하고 농한기를 이용한다는 뜻이다.

정치는 기본적으로 야망입니다. 그래서 정치는 언제나 잘못 되기 쉽지요. 정치가들은 많은 업적을 쌓아 자신의 이름을 오래도록 남기고 싶어 합니다. 인류가 자랑으로 여기는 세상의 모든 업적은 야망과 탐욕을 가진 자들에 의해 이룩된 것이지 결코 깨달은 이들에 의해 이루어진 것이 아닙니다.

공자는 이 같은 소위 정치의 속성과는 배치되는, 정치의 이상을 밝히고 있습니다. 정치 지도자는 탐욕과 야망을 품지 말고, 헛된 꿈을 실현하기 위해 백성을 괴롭히지 말라는 것입니다.

그 대신 좀 더 실질적이고 진실한 것을 추구할 것이 요구됩니다. 모든 행동은 연쇄적으로 또 다른 행동을 만들기 때문에, 각각의 행동을 주의 깊게 지켜보면서 좀 더 민감해지고 주의 깊게 움직여야 합니다.

이렇게 함으로써 정치인은 백성의 신뢰를 얻을 수 있으며, 이것만이 진정으로 백성의 신뢰를 얻는 길입니다. 그가 하는 일은 무엇이든 세상에 영향을 미칠 것이므로, 그가 세상에서 아름다운 일을 할 수 없다면 적어도 추한 것을 하지 말아야 합니다.

무엇보다 백성의 허리가 휠 짓을 하지 않기 위해서는 막대한 예산이 소요되는 큰 사업들을 함부로 벌이지 말아야 합니다. 아울러 대궐의 씀씀이 또한 절약함으로써 백성들의 부담을 최대한 덜어주려는 성의를 보여줌으로써 왕이 진심으로 자신들을 사랑한다는 것을 백성들 스스로 피부로 느낄 수 있게 해주는 것이 바람직합니다.

백성을 함부로 동원하는 일을 삼가고 부득이 동원하지 않으면 안 될 때에도 저들의 불편과 고통을 최소화해야 합니다. 이렇게 소극적인 관점에서 정치의 이상을 추구하는 것이 성인들의 기본적인 정치철학이지요.

그러나 오늘날 이의 본뜻을 바로 이해하고 진심으로 받아들이기란 참으로 어려운 일입니다. 우리는 이와 반대로 움직이고 있는 정치 풍토에 길들여져, 이는 한갓 비현실적인 유물로 보일 뿐입니다.

현대의 정치가들은 야망의 화신인 양 되도록 크게 놀려 하고 모든 수단을 동원하여 대단한 존재가 되고자 합니다. 처칠, 히틀러, 스탈린, 모택동 등 현대사의 대표적 정치가들은 모두 전쟁이란 어마어마한 일을 통해 영웅이 되었습니다.

그러나 이들이 권력을 잡고 인류의 운명을 지배합니다. 갈수록 정치가가 세상에서 가장 중요한 인물이 되고, 온 인류가 이들의 영향 아래 살게 된 것은 비극이 아닐 수 없습니다. 정치의 이상이 소극적인 방향에서 추구되어야 하는 이유를 곰곰이 되새겨보아야 할 것입니다.

우리는 한때 최고 지도자였던 이들이 서서히 사라져 가는 것을 봅니다. 그들의 권력이 사라짐과 동시에 그들의 위대성 또한 사라집니다. 그들의 위대함이란 그들의 의식에서 발현된 것이 아니라 다만 권력의 의자에 있었던 것이지요. 진정한 위대함은 자석과 같은 것입니다. 그 힘은 폭력이 아니라 사랑으로 우리를 끌어당깁니다. 진정한 위대함은 힘이 아니라 형언할 수 없는 향기를 내뿜음으로써 자신을 증명합니다.

천 수레 규모의 나라를 이끈다道千乘之國는 표현에서 도국道國은 흔히 말하는 치국治國과 어떻게 다른지요?

일반적으로 나라를 다스리는 것을 치국治國이라 하고, 도국道國이란 말은 잘 쓰이지 않을뿐더러 잘 이해되지도 않습니다. 치국은 통치 권자가 법에 의해 나라를 다스리는 것으로, 흔히 세상에서는 이것이 최선의 방법이라고 생각하는 듯합니다.

그러나 높은 차원에서 볼 때 법이나 규율은 편리한 방편이기는 하나 획일적이고 기계적이어서, 개성이 다른 여러 사람과 상황이 다른 여러 경우에 이를 일률적으로 적용하는 것은 결코 이상적일 수 없습니다.

여기서 도국의 필요성과 그 가치를 새삼 느끼게 됩니다. 도국은 형식에 얽매이지 않고 덕과 지성으로 백성을 이끌어 가는 것입니다. 도道는 정신적으로 이끈다는 인도引導에서의 도導와 통합니다.

한 나라의 참된 지도자는 나라의 안정과 발전을 위해서 강제로 백성을 한 방향으로 몰고 가는 것이 아니라, 각자의 개성을 존중하면서 그들의 의식을 높은 차원으로 이끌어가는 데서 보람을 느낍니다. 그러기 위해서는 법은 가급적 적을수록 좋습니다. 우리는 옛날 팔조금법八條禁法으로 다스려지던 이상 사회를 부러워합니다.

정부는 되도록 소극적으로 관여하고 국민 각자가 깨어있는 의식으로 자유롭게 살도록 내버려두는 것이 좋습니다. 위대한 지도자는 국민들에게 엄격한 규율을 강요하지 않고 의식만을 강조할 뿐입니다.

법으로 엄히 다스리는 것은 위험한 일입니다. 어떤 법도 보편적 법칙으로 제시될 수 없습니다. 엄한 법규가 제시되면 사람들은 의식을 잊고 이 엄격한 규율을 따르기 시작합니다. 엄격한 규율은 규율 자체가 문제 되는 것은 아니나, 국민은 기계적으로 그 규율을 따르면서 결코 성장하지 못할 것입니다.

경사이신敬事而信은 도국의 세 항목 가운데서 가장 앞에 배열된 것으로 미루어 다른 두 항목보다 중요할 것으로 보입니다. 먼저 그 의미와 가치에 대해서 말씀해주십시오.

경사敬事란 글자 그대로 일을 공경한다는 뜻입니다. 어떻게 사람도 아니고 일을 공경한다는 말입니까. 깨달은 이라야 이를 이해하고 실천할 수 있으며, 보통 사람들은 오히려 이와 반대로 행동합니다. 깨달은 이들은 감수성이 예민하여 풀잎조차 무심히 보지 않고 거기서도 중요한 의미를 발견합니다.

이런 감수성은 새로운 우정을, 나무와 새와 동물과의 우정을 선사할 것입니다. 사랑이 자라나고 우정이 성장함에 따라 우리 삶은 더욱 풍요로워질 것입니다. 민감할수록 삶은 더욱 크고 깊어져, 작은 연못이 아니라 대양과 같이 광활해집니다.

나라의 최고 지도자는 더욱 민감할 필요가 있습니다. 그의 삶은 자기 아내와 자기 아이들에게 한정된 것이 아니고 나라 전체 국민 전체가 그의 가족과 같기 때문입니다. 그래서 정치 지도자는 나라의 모든 일에 대해서도 깊은 감수성으로 바르게 대할 수 있어야 합니다.

이런 자세는 구체적으로 어떤 것이겠습니까? 이는 일을 처리할 때 하기 싫은 자세로 마지못해 하거나 뒤로 미루는 것이 아니고, 반대로 서둘러 대충대충 해치우거나 지나치게 야심적으로 추진해서 자신의 능력을 과시하는 것도 아니며, 결과에 신경 쓰지 않고 필요에 따라 성실히 하면서 그 과정에서 기쁨과 보람을 느끼는 것입니다.

그러나 사람들은 과정보다 결과에 더 관심을 갖고 의미를 부여하고, 거의 모든 사람들이 정권을 잡고 최고 지도자 대열에 서게 되면, 으레 위대한 인물이 된 것으로 착각하고 위대한 일을 도모하여 불멸의 업적을 남기기를 원합니다.

그러나 이것은 진정 국민을 위한 것도 아니고 일 자체를 순수하게 공경하는 자세도 아니며, 자신의 명예를 떨치려는 에고의 장난일 뿐입니다. 국민들은 이의 완성에 필요한 물적 자원과 노동력을 바침으로써 오히려 막대한 피해를 입게 될 뿐이지요.

가령 만리장성이나 피라미드 같은 문화유산이 얼마나 많은 이름 없는 사람들의 희생을 통하여 이루어진 불경스럽고 부도덕한 유적인지 생각해보십시오. 웅장한 건축물과 예술품으로 가득 찬 상트페테르부르크를 푸시킨은 '인간의 뼈 위에 건설된 도시'라 하지 않습니까. 이들은 실로 경사와는 거리가 먼 독재와 학정의 산물일 뿐입니다.

자신의 에고를 위해서 일하지 않고, 정말 필요한 일만 담담히 할 뿐이다. 사람은 보통 크고 중요한 일에는 지나치게 긴장하고 조심해서 하고, 작은 일은 하찮게 여기는 경향이 있습니다. 그러나 경사의 관점에서는 전혀 이런 구분 없이 모든 일에 한결같이 성실히 그리고 기쁘게 임해야 합니다.

일에 공경스러운 이는 많은 행동을 하지 않습니다. 그는 가장 본질적인 것, 피할 수 없는 것들에만 움직입니다. 그러나 보통 사람들은 비본질적인 것들에 열심이고 그래야 이롭다고 생각합니다.

세상을 실리로만 살려 할 때 사람은 긴장하게 되고 야심적으로 됩니다. 그리고 그 내면은 상실됩니다. 내면은 아무런 외적 긴장이 없을 때, 사람이 어느 곳으로도 달려가지 않고 한가하게 침잠할 때에만 꽃피어나기 때문이지요.

진정 위대한 지도자는 마음이 한가한 사람입니다. 그는 본질적인 것에만 관심이 있고 자신의 에고를 위한 일은 어떤 것도 하지 않기 때문입니다. 그러나 그는 한가할 뿐이지 게으른 사람은 아닙니다.

일 자체에 진실하고 과정에 성실한 사람은 결코 결과에 신경 쓰지 않습니다. 자신의 노력만으로 어떤 일이 일어날 수 있다고 기대하거나 반드시 일어나야 한다고 확신하는 것은 무지 아니면 오만입니다.

우리는 흔히 어떤 목적을 위해 노력하고 투자한 뒤에는 그에 상당한 결실을 기대합니다. 그러나 노력과 투자는 일이 일어날 수 있는 필요조건만을 만들어낼 뿐, 그것은 충분조건도 아니며 원인과 결과 같은 것도 아닙니다. 그것이 오직 인간의 노력에 의해서 일어나는 것이라면 무엇 때문에 신의 은총을 기대하겠습니까.

노력하고 기다려야 합니다. 그것은 신이 원하는 시기에 일어날 것입니다. 우리는 성의를 다하지만 궁극적인 개화는 오직 신의 은총에 의해서만 이루어진다는 것을 믿습니다. 치국하는 소위 정치 지도자들은 진정한 경사의 자세를 취하지 못합니다.

그들의 마음은 결코 행동 그 자체가 아니라 결과에 관심을 둡니다. 그리하여 그들은 할 수만 있다면 언제라도 지름길을 택하려 합니다. 그들은 현명하지 않고 단지 영리합니다. 그들은 너무 교활해져서 어떤 것을 행하지 않고 모든 것을 갖길 원합니다.

경사이신敬事而信이란 말을 통해 경사敬事와 신뢰信賴는 동전의 양면과 같은 관계로 이해될 수 있을 듯한데, 삶에 대한 신뢰와 대인관계에서의 신뢰의 가치에 대해서도 알고 싶습니다.

세상에는 여러 종류의 신뢰가 있고 또 여러 차원의 신뢰가 있을 수 있습니다. 학생의 선생에 대한 신뢰, 환자의 의사에 대한 신뢰, 고객의 상인에 대한 신뢰, 국민의 정치가에 대한 신뢰, 또 친구 간의 신뢰와 가족 간의 신뢰 등등, 여러 관계들 사이에서 상호 믿고 의지하는 바는 각기 그 나름의 특징이 있으나, 이 모든 신뢰는 아름답습니다. 그러나 오늘 우리는 사회 모든 분야에서 신뢰가 무너져 내리는 위기의 시대에 살고 있습니다.

선생에 대한 신뢰   이 중 가장 안타까운 것 가운데 하나가 선생의 신뢰가 추락한 것입니다. 다른 신뢰들은 그 자체로 다소간에 신뢰를 상실할 소지를 지니고 있습니다. 그러나 선생에 대한 신뢰가 상실된 궁극적 원인은 밖에서 찾을 수 있을 것입니다. 잠시 이를 살펴봄으로써 그 해결 방안도 찾아질 수 있기를 기대합니다.

지금 학교는 지식과 논리만 가르칩니다. 학교는 학생들을 논리적 논쟁적으로 만들기 위하여 많은 방법을 동원합니다. 이것이 지금 학교가 하는 모든 것입니다. 이에 비하면 지난날의 가르침은 매우 친밀하고 개인적인 현상이었지요. 가르침은 사랑과도 같았습니다. 사랑은 개인적이고 온기가 돕니다. 제자들은 친근하고 보살핌을 받는다는 안정감을 가질 수 있었고, 그 존재 안에서 자신들이 꽃피게 할 수 있는 스승을 찾아 다녔습니다.

스승이 가장 먼저 필요했지 가르침은 그렇게 중요하지 않았습니다. 스승이 더 중요했지요. 그러나 요즘은 학생이 선생보다 더 중요하다고 말하며 학생 중심 교육을 강조합니다. 학생이 중심이고 선생은 그저 하인으로 그들의 시중을 들기 위해 거기에 있다고 합니다.

참으로 말도 안 되는 소리지요. 제자가 중심이 될 수는 없기 때문입니다. 제자는 배우기 위해서 왔고 배운다는 것은 제자가 수용적이고 신뢰하며 깊은 믿음을 가져야 한다는 것을 뜻합니다. 전 세계적으로 많은 학생들이 선생을 불신하고 있다면, 그것은 금세기에 널리 퍼져있는 학생 중심 교육이라는 어리석음의 당연한 결과입니다. 이럴 때 선생은 오직 하인에 불과하게 되지요.

행위와 존재   전통적 교육에서는 스승이 중심이었습니다. 그리고 보다 중요한 것은 그의 가르침이 아니라 그가 어떤 사람인가 하는 것이었지요. 바로 그의 현존이 하나의 깊은 사건이었던 셈입니다.

서양에서는 존재하는 것은 그다지 가치가 없고 행위가 가치 있는 것으로 여깁니다. 그러나 특히 고대 동양에서는 존재하는 것으로 충분하였지 아무도 '넌 무슨 일을 했지?'라고 묻지 않았습니다. 침묵하고 평화롭고 지복에 차있으면 그것으로 충분했지요.

그런 이유 때문에 동양에서는 스승에게 열심히 가르치도록 요구하지 않았던 것입니다. 그의 존재 자체만으로도 사람을 성장하도록 도왔습니다. 가르침은 이차적이고 부수적인 것이어서 가르침은 그다지 중요하지 않았습니다. 중요한 것은 완전히 성숙하여 진정한 어른이 된 사람 가까이에 있는 것이었습니다.

그러나 오늘날은 선생보다 가르침이 중요하고, 가르침은 지식과 논리가 전부입니다. 그리고 선생은 오직 이를 위해 봉사하는 하인에 불과한 존재로 전락하고 말았습니다. 이래서 학생들도 자연히 선생을 존경하지 않게 되고 신뢰할 수 없게 되기 시작하였지요.

이런 상황에서 선생 자신도 자긍심을 잃고 스스로 타락의 길로 들어서게 된 것은 어쩌면 당연한 노릇인지도 모르겠습니다. 이 시대 선생들은 사회풍조와 제도의 희생양이라 할 수 있지요. 이들이 다시 본연의 신뢰를 회복하는 길도 근본적으로는 그들로 하여금 제 자리를 찾아 긍지를 느끼게 하는 것일 수밖에 없습니다.

농부는 땅을 신뢰하고, 어부는 바다를 신뢰해야 한다. 신뢰를 바탕으로 한 삶은 건강하고 아름답습니다. 논리의 투명성 속에 살기보다는 인생의 신비 속에서 살아가는 것이 좋습니다. 자연과 함께 사는 사람은 항상 신뢰 속에 있습니다.

씨를 뿌리는 농부는 반드시 신뢰 속에 있어야 합니다. 의심하기 시작하면 씨를 뿌릴 수가 없습니다. 한번 의심하기 시작하면 또 다른 의심이 연속해서 일어나기 때문입니다. 작년과 같이 농작물이 잘 자랄 수 있을까, 수확은 얼마나 될까, 그러나 비가 오지 않을 수도 있고 태풍이 몰아칠 수도 있습니다. 농부가 땅을 의심하면 그는 더 이상 농부가 되지 못합니다.

어부가 바다를 의심하면 그는 더 이상 어부가 되지 못합니다. 하늘과 땅과 바다를 의지하여 자연과 함께 살면 신뢰가 생깁니다. 신뢰는 자연스러운 일로서, 아무런 질병도 없이 건강한 상태와 같습니다. 어린이는 신뢰 속에서 태어납니다.

그러나 오늘날은 회의와 불신이 만연하여 어린아이들까지도 의심합니다. 옛날에는 노인들까지도 모든 것을 신뢰하였습니다. 세상 전체의 분위기가 신뢰와 믿음으로 가득 차 있었고, 모두 건강한 사람들이었지요. 정치 지도자들이 진리를 신뢰하고 삶을 신뢰하고 국민을 신뢰할 때 국민도 그들을 신뢰할 것이며, 그때 그들은 건강하며 세상이 신뢰의 분위기 속에서 건전하게 유지됩니다.

신뢰를 상실한 삶은 진정한 삶이 아니다. 신뢰를 잃고 의심할 때 우리 안에서 무엇인가가 움츠러드는 것을 느끼게 됩니다. 우리는 이내 조그맣게 오그라들고 딱딱하게 굳어져서 더 이상 흐르지 않고 얼음처럼 얼어버립니다. 그러나 신뢰가 생길 때 우리는 다시 흐르기 시작하여 사방의 장벽이 무너지면서 넓게 퍼져 나갑니다. 신뢰할 때 생명력이 넘치고 의심할 때 죽음으로 빠져듭니다.

언제부터인가 우리는 그 신뢰심을 잃기 시작하였습니다. 긴장하고 경직되고 회의하고, 마침내 환각제가 커다란 호소력을 가지게 되었지요. 환각제 이외에는 의식을 넓히고 존재를 확장시키는 느낌을 맛볼 도리가 없는 듯이 보이기도 합니다. 환각제는 잠시나마 의식이 확장된 듯한 느낌을 줍니다.

그러나 신뢰가 주는 의식의 확장은 훨씬 자연스럽고 자유롭습니다. 의식의 확장을 느껴보지 못한 사람은 진정으로 살아 있지 못한 것이나 다름없습니다. 신뢰 속에서 의식은 계속해서 확장되고, 축복의 물결이 무한히 퍼져나가면서 존재의 구석구석을 흐릅니다. 의식이 확장될 때 우리는 전체의 일부가 되고 위축될 때 우리는 하나의 고립된 섬이 됩니다.

쓸쓸이를 절약하는 것이 왕이 나라를 다스리는 데 그렇게 중요한 것인지요? 또 이것이 사람을 사랑하는 것과는 어떤 관계가 있는지 궁금합니다.

이는 나라를 다스리는 데 중요한 것이 아니라 백성으로부터 신뢰를 잃지 않게 되는 데 중요한 것입니다. 나라를 위해서 일을 하자면 막대한 재정이 소요되지만, 이런 일은 백성을 굶기지 않으면서 도모해야 합니다. 왕의 가장 기본적인 책임은 백성을 굶주림으로부터 구제하는 것이며, 가난한 백성들을 수탈해서 그들을 도탄에 빠뜨려서는 안 됩니다.

옛날에는 이식위천以食爲天이라고 해서 먹고 사는 문제가 가장 중요하고 해결해야 할 최대의 문제였습니다. 지난 날 인류는 매우 가난했었지요. 길고 긴 기아, 질병, 기근, 홍수에 시달리면서 인간이 살아남을 수 있었던 것은 기적입니다. 이런 여건에서 왕이 화려하게 정책을 펴는 것은 가렴주구苛斂誅求 즉 백성들로부터 과도하게 세금을 거두어들이고 백성들을 혹독하게 부렸음을 의미합니다.

왕이 많은 재물을 가지고 펑펑 써대면 백성들은 그로 인해 더 가난해질 수밖에 없지요. 한 옆에서는 기아로 죽어 가는데 그의 창고는 불어나고 그림의 떡만 같은 사업은 연일 추진되고 있으니까요. 왕이 호화 사치할 때, 어떤 이는 약을 구하지 못해 죽어갈 것이고 어떤 이는 양식이 없어 죽어갈 것입니다.

아무리 국가적으로 필요한 사업이라도 그것이 백성의 희생을 통해서 이루어질 때, 그것은 선정의 결실이 아니라 폭정의 독버섯일 뿐입니다. 국가 정책의 최우선 과제는 백성들이 먹고 입고 사는 데 위협을 받지 않을 정도로 보살펴주는 것이며, 백성들이 최소한의 삶의 조건을 확보한 뒤에 국가사업에 협조하게 하는 것입니다.

세금은 벌이 꽃에서 꿀을 취하는 것처럼 경제적으로 열악한 상황에서 백성을 묶는 줄은 가난일 수 있고 왕을 묶는 줄은 부富일 수 있지만, 실상 모두 속박 속에 있기는 마찬가지입니다. 가난한 백성만 가난할 뿐 아니라 부유한 왕도 탐욕으로 허기져서 들끓으니까요.

백성이 기아선상에서 허덕이는 한, 의식이 제대로 박힌 왕이라면 결코 이를 외면하고 자신의 치적을 위해서 불요불급한 사업을 벌일 수는 없는 노릇입니다. 백성을 뿌리로 하여 그 자신이 서 있기 때문입니다.

땅과 싸우는 나무가 어떻게 평정 속에 있을 수 있겠습니까. 나무는 땅속에 뿌리를 묻고 있으니 나무가 땅과 싸우는 것은 자신의 뿌리와 싸우는 것입니다. 땅은 나무의 자궁입니다. 나라가 세금을 거두어들이는 것은 나라살림을 위해서 필요불가결한 경우에만 신중하게 시행해야할 문제입니다. 세금 자체는 잘못된 것이 아니면서 현실적으로 세금 징수는 늘 문제가 되기 쉽지요.

이의 이상적 방식을 우리는 벌에서 배울 수 있을 듯합니다. 벌이 꽃에서 꿀을 취하는 방식은 이에 좋은 교훈이 될 수 있습니다. 벌은 꽃의 아름다움과 향기를 해치지 않을 정도로 한 꽃에서 조금씩 꿀을 취합니다. 꽃은 벌이 왔다 갔는지조차 모를 만큼 벌은 바람결에 조용히 왔다가 조용히 가지요.

모든 통치자들은 국민의 협조를 통해서 나라를 다스릴 수밖에 없습니다. 그들을 해치지 않는 방식으로 도움을 받으며 오히려 감사한 마음을 지녀야 할 것입니다. 의식의 각성을 이룬 사람은 꿀벌처럼 산다고 합니다. 그는 결코 이 세상의 아름다움과 향기를 훼손시키지 않고 오직 필요한 만큼만 구하면서 소박하게 삽니다. 이런 소박한 삶의 태도는 백성을 사랑하는 마음에서 기인하는 것입니다.

> 공자가 이런 것을 강조한 것을 보면 적지 않은 통치자들이 재물을 낭비하고 백성을 괴롭힌 듯합니다. 그리고 이런 일은 고금을 막론하고 여전히 존재하는 일반적인 현상인 듯합니다. 정치 지도자들은 지식과 경륜이 풍부한 자들인데 어떻게 이런 일이 일어날 수 있는지, 왜 이를 극복하기가 그리 어려운 것인지, 두루 답답하기만 합니다.

인류 사회에 정치는 언제나 존재해왔고 정치가 또한 언제나 존재해 왔습니다만 어찌 되었습니까? 정치는 날로 어지러워져 가기만 합니다. 불행한 일이 아닐 수 없습니다. 정치가들은 그 책임을 면할 수 없지요. 물론 그들은 좋은 의도를 가지고 열심히 잘 해보려고 노력했을 것이나, 의도는 전혀 중요한 것이 아니지요. 중요한 것은 그들의 의식입니다.

정치인들에게는 의도보다 의식이 더 중요하다. 정치가들은 의식을 가지고 있지 않습니다. 그들은 자신의 문제를 피하려 하고 있지요. 자신으로부터 도망칠 수 있는 가장 쉬운 방법으로 예컨대 세계의 문제들, 경제, 정치, 역사, 가난한 사람들에 대한 봉사, 개혁과 같은 문제들에 관심을 쏟는 것입니다.

이것들은 자기 자신의 문제들에서 도망치기 위한 미묘한 전략들이라 할 수 있는데, 실로 이것은 대단히 위험합니다. 이들은 실상 겁쟁이에 불과하면서도 자신들이 뭔가 대단한 일을 하고 있는 것처럼 착각하기 때문입니다.

무엇보다 먼저 자신의 문제와 만나야 합니다. 먼저 그들 자신의 존재를 변화시키려고 노력해야 합니다. 스스로 변화된 사람만이 다른 사람의 변화를 이끌어낼 수 있지요. 이것이 동양의 고전인 '대학'의 팔조목에서 치국 이전에 수신을 강조하는 이유입니다.

사람들은 많은 것을 쌓아놓고 살기를 좋아합니다. 그들이 의식적이 되면 이들을 떨쳐버릴 수 있습니다. 어리석음과 악은 동전의 양면입니다. 어리석음은 무의식을 뜻하고, 무의식에서 악이 태어나지요. 어리석음과 악은 피할 수 없고 경계할 수 있을 뿐입니다.

지혜로운 사람은 한발 한발 위험한 곳을 지나가듯이 조심해 내딛으며, 마치 추운 겨울날 얼어붙은 강을 건너듯이 걷습니다. 조금만 방심하면 마음은 순식간에 우리를 어떤 악으로 끌고 들어갈 것입니다. 반드시 나중에 후회하게 될 일로 우리를 끌고 갈 것입니다. 후회는 전혀 도움이 되지 않건만 우리는 실수를 하는 데 시간을 낭비하고 그 다음 후회하면서 또 시간을 낭비하곤 합니다.

부패하는 것은 권력이 아니라 인간이다. 특히 정치가들은 더욱 경계해야 할 것입니다. 권력은 부패한다고 합니다. 표면적으로는 권력이 부패하는 것처럼 보이나, 깊이 생각해보면 부패하는 것은 권력이 아닙니다.

항상 인간이 부패합니다. 권력은 부패할 수 없습니다. 권력은 다만 기회를 줄 뿐입니다. 우리가 부패했을 때 권력은 우리가 원했지만 할 수 없었던 일을 할 기회를 부여합니다. 그래서 정치가들은 더 큰 권력을 잡으면 잡을수록 더 부패합니다.

좋은 정치가는 주의하고 깨어있는 사람입니다. 그것이 전부입니다. 깨어 있음만이 가치가 있고 그 외의 것은 무의미합니다. 지식과 경륜은 부수적으로 관여할 뿐입니다. 정치 지망생이 정치학을 전공하고 국회의원 사무실에서 경험을 쌓는 것은 극히 지엽적이고 때로는 오히려 위험하기까지 한 일입니다.

그가 깨어 있을 때에만 그는 근본적인 법칙에 따라 행동합니다. 무의식적일 때 그의 활동은 그 차원이 깨달음과 반대됩니다. 이런 정치가는 기회주의자입니다. 그는 원칙을 가지고 있는 체할 뿐 아무런 원칙도 가지고 있지 않고, 세상에 자신이 대단한 사람이라는 것을 보여주려고만 합니다. 그리하여 겉치레와 위선을 선택합니다. 마음에도 없는 거짓 웃음을 웃으며 모든 사람을 속일 수 있다고 생각합니다.

우리 사회는 힘에 근거한 사회입니다. 여전히 원시적이고 야만적이지요. 몇몇 정치가들이 수많은 사람들을 지배하고 있으며, 사회는 어떤 사람에게도 지성을 허락하지 않는 방식 속에서 지속되고 있습니다. 정치가들은 인류의 질병입니다. 의식의 암적 존재입니다. 우리는 자신 안에 숨어있는 모든 정치적 책략을 버려야 합니다.

여기서 정치란 정치에 몸담고 있는 특정한 사람을 지칭하는 것이 아니라 모든 야심적인 사람들을 가리키는 것입니다. 야망이 있을 때마다 정치가 들어오지요. 누군가보다 앞서려고 할 때마다 정치가 들어옵니다. 누군가를 지배하려고 할 때마다, 그게 우리 아내이든 남편이든 간에, 이때 정치가 들어옵니다. 정치는 매우 흔한 질병입니다. 우리 사회의 정치적 병폐를 극복하는 근본적인 길은 이 질병을 치유하는 것에서부터 시작되어야 할 것입니다.

> 옛날에는 주로 농업에 의존하였기 때문에 백성들을 부역에 동원할 때는 농번기를 피하는 것이 중요하였을 것입니다. 그러나 농업보다 산업의 비중이 커진 무한경쟁시대에 공장은 일 년 열두 달 밤에도 불이 꺼지지 않고 돌아갈 것이 요구되면서 사민이시使民以時는 옛이야기가 되고 말았습니다.
> 그러나 고전의 가치는 늘 새롭게 해석할 수 있는 것이라면, 혹 이 시대 우리가 직면한 문제를 극복하는 데 이 구절의 근본정신을 되살릴 방도는 없을까요?

그것은 대단히 중요한 과제입니다. 고전을 고전답게 읽기 위해서는 타성적인 접근은 아무 소용이 없기 때문이지요. 고전이 영원한 가치를 지닌 책이란 뜻은 그 자체에 고정불변의 가치가 내재해 있다기보다 우리가 끊임없이 그 그릇에 새로운 가치를 바꿔 담을 수 있다는 의미입니다.

술병은 옛것이지만 그 속에 담은 술은 언제나 신선해야 하지요. 진리는 변하지 않는다고 합니다. 그러나 진리처럼 잘 변하는 것도 없으니, 그렇기 때문에 진리는 영원합니다. 변하지 않는다면 그것은 썩고 언제라도 죽을 것이기 때문입니다.

생명은 변화입니다. 그것은 한 순간도 멈추지 않고 어찌나 끊임없이 변화하는지 끝내 죽을 수 없습니다. 진리는 영원하지만 변하지 않는 것은 아닙니다. 진리는 영원한 변화이기 때문에 영원합니다. 마치 샘물이 솟아오르듯이 그것은 스스로 계속해서 새로워집니다. 그것은 어떤 죽은 요소도 그 속에 절대로 담아두려고 하지 않고 그냥 뱉어냅니다.

죽은 부분들을 통해서 죽음이 내려오기 때문에 그것은 절대로 죽은 부분들을 누적시키지 않습니다. 삶은 계속해서 변하기 때문에 결코 죽지 않습니다. 진리는 불변이 아니라 영원합니다. 불변이 아니기 때문에 영원합니다. 변화로 인하여 그것은 존속하고, 변화로 인하여 새로워집니다.

현대적 의미의 개발 이런 시각에서 사민이시使民以時의 민民을 신身으로 대치하여 사신이시使身以時로 풀어 이해할 수는 없을까 생각해 봅니다. 지금은 절대군주 시대를 지나 민주주의 시대로 모든 사람이 자신의 삶의 주인이기 때문입니다.

참으로 이해할 수 없는 것은 지난 날 임금이 백성을 강압적으로 혹사한 것 이상으로 지금은 사람들이 스스로 자신을 혹사하고 있다는 것입니다. 그래서 지난 날 훌륭한 임금이 백성을 동원할 때 농번기를 피함으로써 생업에 지장을 주지 않았듯이, 지금은 우리 스스로 어떻게 자신이 일의 노예 상태에서 벗어나 과로하지 않고 건강한 삶을 유지할 수 있을까 생각해야 할 것입니다.

이것이 오늘을 지혜롭고 인간답게 사는 길입니다. 지금 우리가 직면한 현실은 지난날 농민보다 훨씬 더 심각한 상태입니다. 심지어는 한밤중에도 일하는 곳이 부지기수고 야간 근로자들에게 밤은 더욱 깁니다. 쉬어야할 시간에 쉴 수 없기 때문이지요. 그들은 억지로 깨어 있어야 합니다. 그것은 투쟁이며 본성에 대항하는 것입니다. 밤은 휴식하고 잠자도록 마련된 것인데 그들은 본성에 대항하여 싸웁니다.

이들은 야경꾼과 같이 본성에 맞섭니다. 흐름을 거슬러 헤엄치기 위해 애쓰는 형국입니다. 당연히 그들의 불행은 길어질 수밖에 없습니다. 휴식하는 사람에게 밤은 그다지 길지 않습니다. 밤은 순식간에 지나갑니다. 잠시 잠들었다 깨어보면 벌써 아침이고 밤이 그토록 빨리 지나갔다고는 믿을 수 없을 정도입니다. 더 깊은 휴식을 취할수록 밤은 더 빨리 지나갑니다.

삶은 일하기 위해서 있는 것이 아닙니다. 삶은 즐기기 위해서 있는 것입니다. 삶은 신성한 선물입니다. 만일 우리가 적당히 일하고 적당히 쉬면서 삶을 건전하게 즐기고 있다면 그것은 참으로 의미심장합니다. 그러나 어떤 일에 얽매어 있고 어떤 자리에 묶여 있다면 그것은 노예입니다.

만일 원하지 않는 것을 억지로 하고 있다면, 우리는 결코 언제까지나 우리가 원하는 것을 할 수 없을 것입니다. 그때 우리는 노예입니다. 자유로운 사람은 자신의 인생을 살고 자신의 일을 할 것입니다. 그는 개인으로 자유롭게 남아 자기 주위에 자유의 파동을 만들어낼 것입니다.

일에 대한 열정의 노예 오늘날 일에 대한 우리의 열정은 참으로 어리석기 짝이 없습니다. 열정에 반대하는 것이 아닙니다. 열정은 우리가 가지고 있는 모든 에너지를 지니고 있기 때문입니다. 단지 어리석음에 반대할 뿐입니다. 우리의 열정이 지성의 색깔을 띠게 될 때 그 열정은 참으로 아름다워집니다. 일이 단지 무의식적이고 충동적이기만 할 때 그 일은 잘못된 것입니다.

본래 일 자체는 잘못된 것이 아닙니다. 잘못된 것은 너무 기계적인 데 있습니다. 열정은 파괴되어야 할 것이 아니라 다스려 복종시켜야 하는 것입니다. 깨어 있을 때 우리는 주인이 되고 열정은 노예가 됩니다. 열정은 노예로서는 아름답지만 주인으로서는 위험합니다. 자유란 자신을 다스림을 의미하고, 속박이란 자신을 다스리지 못함을 의미합니다.

깨어있지 못할 때 우리는 자칫 수만 가지의 어리석은 열정, 탐욕, 공명심 등의 희생물이 됩니다. 스스로 깨어서 열정을 지켜보고 자신에게 무엇이 일어나고 있는지 관찰하며, 아무 의식 없이 기계적으로 행동하는 데서 탈피할 때 비로소 우리는 주인이 됩니다.

부지런하다는 것은 과도하게 열광적으로 움직이는 것을 뜻하지 않습니다. 너무 과도하게 혹사하는 것도 아니고 너무 게으름을 피우는 것도 아닌 것, 정확하게 중간이 부지런함입니다. 휴식도 취하지 않고 너무 일하는 데만 빠져있지 말 것입니다.

지금 우리는 대부분 전혀 쉬지를 못합니다. 우리는 중도의 길을 걷는 사람을 필요로 합니다. 어떻게 일하고 어떻게 쉬어야 하는지를 아는 사람, 일을 하면서도 충분히 휴식을 취할 수 있는 사람, 그런 사람이 진정으로 부지런한 사람입니다.

낙타와 사자 지성적인 사람은 기계적인 삶을 살지 않으며 로봇과 같은 삶도 살지 않습니다. 그는 자신의 개성을 주장하고, 반역의 향기를 지닙니다. 그는 자유롭게 살기를 희망하고, 갖가지 어리석은 일들, 어리석은 사람들에게 자신의 삶을 팔아버릴 수 없습니다.

낙타는 짐을 나르는 짐승이지요. 그는 기꺼이 노예처럼 일하며 결코 반역하지 않습니다. 그는 추종자이며 충실한 노예입니다. 낙타의 의식 속에는 용기와 영혼이 없으며 자유에 대한 열망도 없습니다.

반면에 사자는 혁명가입니다. 그는 자유를 열망하며 모든 구속을 파괴하고자 합니다. 사자는 모든 사슬로부터 벗어나려는 엄청난 노력과 책임을 상징합니다. 사신이시使身以時는 낙타처럼 일에 묶여 사는 것이 아니라 사자처럼 일에 얽매이지 않고 자유롭게 사는 것을 의미합니다.

> 아무리 옛날이라지만 한 나라를 다스리는 데 이 몇 가지로 충분하다고 할 수 있을지, 아무래도 얘기를 하다 만 것 같은 아쉬움이 남습니다.

물론 이것만으로는 충분하지 않습니다. 선정善政을 하는 데는 훨씬 더 많은 것이 필요할 것입니다. 그러나 수천 가지의 해야 할 것과 하지 말아야 할 것들이 부과될 때 사람은 창조적일 수가 없습니다. 갇혀 있게 될 것입니다. 사방 어디를 보든 벽이 가로막고 있을 것입니다.

창조적인 사람은 남에 의해 부과된, 해야 할 것과 하지 말아야 할 것들을 모두 던져버려야 합니다. 그에게는 이 몇 가지도 오히려 많을지 모릅니다. 그에게는 자유의 공간이 필요합니다. 그는 온 하늘과 그 모든 별들이 필요합니다. 그때에만 그의 내면 깊은 곳의 자발성이 자라나기 시작할 것입니다.

위대한 스승은 아무런 계명도 주지 않으며, 단지 어떻게 배우는 상태로 남아있으면서도 지식의 노예가 되지 않을 수 있는가 하는 통찰을 보여주고 있을 뿐입니다. 우리의 규율은 밖으로부터가 아니라 우리의 가슴에서 나와야 합니다. 우리 자신의 것이어야 합니다.

다른 누가 우리에게 어떤 규율을 줄 때 그것은 결코 우리에게 맞을 수 없습니다. 그것은 다른 사람의 옷을 입는 것이나 마찬가지지요. 너무 헐렁하거나 너무 꽉 끼거나 해서 어딘가 바보 같이 보일 테니까요.

규율이란 개인적인 일입니다. 그것이 빌려온 것이라면 우리는 틀림없이 정해진 원칙, 죽은 원칙에 따라 살게 될 것입니다. 그러나 삶은 결코 죽어 있지 않습니다. 삶은 매 순간 끊임없이 변하고 있습니다. 삶은 끝없는 흐름입니다. 헤라클레이토스는 옳았습니다. 우리는 같은 강물에 두 번 발을 담글 수 없습니다. 강은 너무나 빨리 흘러가고 있기 때문입니다.

우리는 각각의 상황에 민감하게 깨어 있어야 합니다. 그리고 이미 주어진 기존의 해답에 의해서가 아니라 매 순간 새로운 상황에 새롭게 자기 목소리로 응답해야 합니다. 진정한 스승은 우리에게 순간의 자유를, 순간의 책임을 가르칩니다. 똑같은 것이 이 순간에는 옳지만 바로 다음 순간에는 틀린 것이 될 수 있습니다.

6

삶의 비결은 책이 아니라
삶 속에 있다

子曰 弟子入則孝 出則弟 謹而信 汎愛衆而親仁 行有
자왈 제자입즉효 출즉제 근이신 범애중이친인 행유

餘力則以學文
여력즉이학문

공자가 말하였다. "제자는 집안에 들어가서는 효도하고 밖에 나가서는 공손하며, 신중히 처신하여 신뢰를 유지하며, 널리 사람들과 따뜻한 마음으로 지내되 어진 이들과 더욱 친밀히 지낼 것이니, 이렇게 하고도 남은 힘이 있으면 곧 글 공부를 할 것이다."

주해

弟子 배움에 뜻이 있는 사람 ▎**入** 들어가다 ▎**~則~** ~(하면) 곧 ~(하다) ▎**出** 나오다 ▎**謹** 삼가다, 신중히 하다 ▎**信** 믿다, 믿음이 가게 하다 ▎**汎愛** 차별 없이 널리 사랑하다 ▎**衆** 여러 사람들 ▎**親** 친밀히 지내다 ▎**仁** 어진 사람, 仁人에서 人이 생략되었다 ▎**餘力** 남은 힘 ▎**以** 써(서), 사용하여, '남은 힘'을 가리키는 대명사 此를 상정하면 以此가 될 것이나, 이런 대명사는 으레 생략된다. ▎**學文** 글을 배우다, 글공부를 하다.

인간의 삶에는 두 층이 있습니다. 하나는 본질적인 층이며 다른 하나는 비본질적인 층 즉 부대적附帶的인 층이지요. 본질적인 것은 보편적이고 평범합니다. 그러나 부대적인 것은 보편적이지도 못하고 평범하지도 않습니다. 그런데 날이 갈수록 사람들은 부대적인 것에 지나치게 집착하고 본질적인 것을 잊어버리는 경향이 있습니다.

사람들은 날로 지식에 집착합니다. 그러나 지식은 본질적인 삶과 아무 관계도 없습니다. 지식은 돈, 권력, 명예, 지위 등 부대적인 것을 얻기 위한 수단일 뿐이지요. 사람들은 날로 지식만 쌓아갈 뿐 지성은 없습니다. 그래서 많은 것을 알지만 기본적인 것은 간과하고 있습니다. 이는 거대한 빌딩을 지으면서 주춧돌을 빠뜨린 것과 같다 할 수 있습니다.

만약 우리가 지식을 통해 삶을 알고 있다고 생각한다면 그것은 큰 오해입니다. 지성은 머리가 아닌 가슴, 정보가 아닌 체험을 통해서 이루어집니다. 지성은 지식과는 상관없이 삶을 바라보는 올바른 시각을 의미하며, 지성인은 삶의 기본에 충실히 살아갑니다. 삶을 살 만한 것으로 만드는 비결은 책이 아니라 일상의 삶 속에 씌어 있습니다.

인간관계 기본적인 삶 중의 하나가 인간관계이며, 이 중에서 가장 원초적인 것이 부모와 자식 관계입니다. 그러나 오늘날 이들의 어울림은 진심으로 행복하지 않으며 기껏해야 피차간에 참고 있는 정도입니다. 이는 가슴과 사랑 대신 머리와 논리로 살아가는 현대적 삶의 당연한 결과입니다.

아버지들은 말하지요. '나는 네 아버지니 사랑하라'고. 그들은 아이들이 그들을 사랑해야 할 이유를 가르칠 뿐, 아이들이 자연스럽게 사랑하는 사람으로 개화할 수 있는 상황을 만들어주지는 않습니다.

아이는 자연스럽게 사랑이 우러나오지 않으면 죄책감을 갖습니다. 아버지나 어머니를 사랑하지 않는 것은 올바른 도리가 아니라고 생각하기 때문입니다.

그는 형제자매들을 사랑해야 하고, 이웃 어른들도 사랑하고 존경해야 합니다. 그는 의무적으로 사랑하게 되고, 사랑은 자연스럽게 자라나야만 한다는 것을 완전히 잊어버립니다. 이제 사랑은 의무이자 실행해야 할 명령입니다.

오늘날 인간관계에서 또 한 가지 아쉬운 것은 어질고 지혜로운 사람과의 교유交遊를 통해 자신의 존재가 좀 더 향기로워지고자 하는 비전의 결여입니다. 우리는 세상의 여러 사람과 우정을 맺고 사랑을 나눕니다. 그것은 그 나름의 의미가 있습니다. 다양한 형태의 개성들을 알게 되고 많이 알게 될수록 삶이 더 풍요로워지기 때문입니다.

그러나 한 사람의 경외할 친구 혹은 인생의 스승과 가까이 지내는 것은 다른 의미를 갖습니다. 많은 사람들과 우정을 나누는 것은 풍부한 경험이 될지는 모르지만, 깊지는 않지요. 그것은 언제나 표면적입니다. 깊이에는 각별한 접촉이 필요합니다.

이것은 해독될 수 있는 어떤 메시지를 소통하는 것이 아니라 상호 깊은 내면적 포옹을 의미하며, 가슴에서 우러나오는 대화를 의미합니다. 한 시대에 사는 스승과의 친교를 통해 지혜의 향기에 잠기면서 의식을 살찌우는 것은 어떤 글을 통해 배우는 것보다 가치 있습니다.

우리는 모두 바위로 태어납니다. 그러나 우리는 장미가 되어야 합니다. 그 바위는 장미가 될 수 있는 능력을 가지고 있습니다. 그러나 아주 극소수의 사람만이 이 위대한 기회를 이용하여 장미가 될 뿐이며, 대부분의 사람들은 바위처럼, 굴러다니는 돌들처럼, 단순히 살아갑니다. 그들은 바위로 태어나서 바위로 죽습니다. 우리가 장미가 되지 않는다면 우리의 삶은 허망하게 끝나고 말 것입니다.

이 글은 크게 행동하기와 글 읽기의 두 범주로 나눌 수 있으며, 행동하기에서는 주로 여러 인간관계에서 취할 자세들을 말하고 있는 것으로 생각됩니다. 먼저 이들 인간관계와 그 자세의 관련성에 대하여 좀 더 이해하기 쉽게 말씀해 주시기 바랍니다.

여기 열거한 입즉효入則孝, 출즉제出則弟, 근이신謹而信, 범애중이친인汎愛衆而親仁 등 네 항목은 글 공부를 하기 전에 몸소 행해야 할 중요한 덕목들로, 배우는 자들이 인간관계와 관련해서 갖춰야할 이상적 자세를 말하고 있습니다.

첫째 항목은 내 생명의 은인인 어버이에 대한 감사와 존경의 표현이며, 둘째는 부모만은 못하지만 내게 넓은 범위에서 두루 웃어른이 되는 분들에 대한 공경의 표현입니다. 이렇게 인간관계가 육친에서 지인으로, 가장 가까운 이에서 덜 가까운 이로 내려오는 과정에서 그 다음 단계의 관계는 무엇이 될 것인가는 충분히 예상됩니다.

아마도 이는 평교간이나 손아랫사람과의 관계 등 몸가짐에서 한층 덜 조심해도 좋을 듯한 뭇 사람과의 관계가 될 것입니다. 그러나 이들 또한 결코 함부로 대할 수는 없는 것이며, 오히려 자칫 예가 소홀해지기 쉬운 데 대하여 다소간 조심할 것을 경계한 것이 근이신謹而信일 듯합니다. 이렇게 모든 인간관계를 언급한 뒤에 이를 총괄한 것이 범애중汎愛衆이라 할 수 있습니다.

인간관계를 이렇게 '범애중'으로 포괄한 뒤에, 세속적 관점에서 구도적 관점으로 지향을 바꿔, 틈나는 대로 어진 사람과 친밀하게 어울려 배움의 삶을 추구할 것을 당부한 것이 친인親仁일 터입니다.

그러나 오늘날 이 모든 인간관계는 문제가 일어날 수밖에 없는 상황으로 치닫고 있습니다. 사람들은 함께 살고 있고 아무도 홀로 살지 않습니다. 그러나 이들은 함께 있음이 무엇인지 모릅니다. 사람들은 아무 사랑 없이 서로 함께 살아가고 있으며, 마땅히 지켜야 할 예의를 갖추지 못한 채 속으로 갈등을 빚고 있습니다.

오직 이익이 될 때에만 사랑하는 척하고, 형식적으로 예를 표할 뿐이지요. 그때 함께 있음은 진정한 관계가 아니며, 오히려 공허함을 느끼게 되지요. 상대방과 함께 있는 것이 행복하지 않으며, 기껏해야 상대방에 대해 참고 있는 것입니다.

근이신謹而信의 의미와, 이를 평교간이나 손아랫사람과의 관계에서의 덕목으로 보는 근거에 대하여 좀 더 자세히 설명해주시기 바랍니다.

자전에서 근謹의 첫 번째 새김은 '삼가다'로 되어 있고, 국어사전에서 '삼가다'는 '몸가짐이나 언행을 조심하다'로 풀이하면서 '어른 앞에서는 행동을 삼가야 한다.'는 예문을 제시하고 있습니다. 실제 '삼가다'는 윗사람에 대해서 쓰이는 것이 보통이지요. 그런데 여기서는 반대로 삼간다는 말이 아랫사람과의 관계에서 요구되는 덕목으로 본 것은 일견 어불성설일 듯싶기도 하나, 잠시 냉철하게 생각해볼 필요가 있습니다.

윗사람을 향한 소위 '삼가는 자세'는 마음 깊은 속에서부터 진심으로 우러나오는 것이 아니라 사회 인습과 도덕관념에 따라 혹은 실리적 이해타산이나 목적의식에서 취해진 가식적 행위인 경우가 많습니다. 삼가는 자세를 취하지 않으면 현실적으로 불리하고 손해를 보게 될 것이기 때문입니다. 이는 진정으로 삼가고 공경하는 것이 아니라 아부하고 굴복하는 노예근성에 가까운 것입니다.

謹근이란 한자의 참뜻은 어떤 행동을 할 때 불순한 동기나 목적의식 없이 내심으로 순수하고 공경스러운 마음을 지니고, 밖으로는 겸손하고 신중한 태도를 취하는 것을 의미합니다. 만일 누가 자기보다 어리거나 약한 자에게 친절하고 공손한 태도를 취한다면, 이야말로 참된 인간존중이고 진실한 삼감이며 공경이라고 할 수 있을 것입니다. 여기에는 하등의 외적 동기나 어떤 목적의식도 없는 순수한 마음 그 자체이기 때문입니다.

그래서 진실로 몸가짐이나 언행을 조심할 줄 아는 사람은 아이를 대할 때도 어른을 대하듯 합니다. 아이를 아이라고 함부로 대하지 않고 깊은 경외심을 가지고 대합니다. 아이는 매우 허약하고 무력합니다. 아이를 존중하는 것은 어렵지만 아이에게 굴욕감을 주는 것은 쉽지요. 아이는 나약해서 보복도 반항도 할 수 없기 때문입니다.

아이를 존중하려면 무엇보다 아이에게 어른의 생각을 강요하지 않고, 스스로 세계를 탐색할 수 있는 자유를 주어야 합니다. 자유의 과정 속엔 실수나 오류 역시 포함되어 있습니다. 아이에게 자유를 줄 때, 그 자유가 좋은 일을 위한 자유만은 아니라는 것을 이해하는 것은 매우 어려운 일입니다.

그러나 아이에게는 실수하고 잘못을 저지르기도 하는 자유 역시 필요합니다. 아이는 이와 같은 과정을 통해서 더 주의 깊고 현명해질 것입니다. 아이에게 계율을 주면 위선자가 되기 쉽습니다. 우리가 아이를 진정으로 사랑한다면, 절대로 어떤 방법으로든 아이를 위선자로 만들어선 안 됩니다.

근謹과 신信은 동전의 양면과 같다. 이런 자세로 살기란 참으로 어려운 일일 뿐 아니라 자칫 소심하게 비칠 수도 있습니다. 자연스럽게 이를 극복하고 이런 우려에서 벗어날 수 있는 사람은 극히 드뭅니다. 그래서 성인들이 이를 특별히 중시할 법도 합니다. 이야말로 근謹의 이상적인 경지라 할 수 있기 때문입니다.

어른이 아이를 삼가는 자세로 대할 때 아이는 진심으로 그를 신뢰하게 되는데, 이것이 근이신謹而信입니다. 이럴 때 겉으로만 따르는 것이 아니라 가슴 깊이 신뢰하여 진심으로 따르고자 합니다.

그러나 이런 신뢰를 얻기는 매우 어렵고 그것을 잃기는 매우 쉽습니다. 높은 것을 만드는 데 더 힘든 노력이 필요하지만, 그것은 한 순간에 사라질 수 있습니다. 신뢰는 더 높은 것의 본질들 중의 하나일 터이니, 비유컨대 이것은 장미꽃이 자라는 것과 같습니다. 어느 날 문득 몰아치는 비바람에 떨어진 꽃잎, 혹은 정원에 들어온 동물들에 의해 먹힌 장미처럼 그것을 잃는 것은 쉽고 그것을 만드는 것은 너무나 긴 여행입니다.

높은 것과 낮은 것 사이에 갈등이 있을 때마다 항상 낮은 것이 쉽게 이깁니다. 장미꽃과 바위를 충돌시키면 장미는 죽을 것이고 바위는 죽지 않을 것입니다. 바위는 충돌이 있었다는 것조차도 인식하지 못할 테니까요.

우리의 모든 과거는 바위로 가득하고 우리가 우리 안에 각성의 장미를 키우기 시작할 때, 그것이 우리가 간직한 수천의 바위들에 의해 파괴될 가능성이 있습니다. 우리는 매우 조심스럽고 주의 깊어야 할 것이, 마치 임신한 여자처럼 걸어야 할 것입니다.

각성한 사람은 조심스럽게 걷고 조심스럽게 살아갑니다. 그리고 이것은 규칙적인 현상이 되어야 합니다. 그것은 어느 날 한번 우연히 하는 것이 아니라 호흡처럼 규칙적이어야 합니다. 진실로 인간관계의 원을 완성시키기를 원하는 사람은 손아랫사람들에 대해서도 삼가는 자세로 살아야 합니다.

범애汎愛란 차별 없이 널리 사랑하는 것이며, 여기서는 나이에 구애받지 말고 두루 모든 사람을 사랑하라는 뜻으로 이해됩니다. 현실적으로 이는 이상에 지나지 않을 듯한데, 어떻게 하면 이런 사랑이 가능합니까?

범애汎愛란 널리 모든 사람을 두루 사랑하는 것으로, 사랑에 관한 빈부격차나 지위고하가 하등 문제될 수 없습니다. 사랑 안에서는 거지든 왕이든 동등한 차원에 놓이는 것인데, 여기서는 특히 나이 차이 또한 문제될 수 없음을 강조한 것입니다. 사랑 안에서는 손윗사람이든 손아랫사람이든 모두 똑같은 차원에 놓입니다.

사랑이 싹트게 하는 유일한 방법은, 사랑을 원하는 자는 자신의 머리를 내려놓고 가슴으로 살아야 한다는 것입니다. 겉치레와 가면을, 에고와 자만을 버려야 합니다. 에고는 머리에 있고 머리는 에고의 상징입니다. 그래서 사람들은 누군가에 귀의할 때 엎드려 그의 발 앞에 머리를 숙이는 것이지요. 머리는 에고의 영토입니다.

아이는 사랑을 지니고 태어나지만 자라면서 잃어버리고 맙니다. 사회와 문화와 교육으로 인해 아이는 사랑을 잃어버리게 됩니다. 사랑의 상실로 아이는 내면이 텅 빈 공허한 상태 속에서 살아가게 되지요. 종교란 바로 그 사랑, 우리가 잃어버린 사랑을 찾는 것이지 신을 찾는 것이 아닙니다. 누구도 신을 만나본 일이 없습니다. 사랑을 다시 찾게 되면 어느 순간 신이 우리 앞에 나타납니다.

사랑을 통해서만 신을 체험할 수 있습니다. 사랑은 모든 감각을 생생하게 열어줍니다. 자신을 찾아오는 모든 이들을 더없이 소중한 이들로 환대할 때, 적도 이방인도 사라지고 눈에 띄는 누구나가 친구로 보일 때, 우리는 사랑을 체험하게 됩니다. 사랑을 찾았다면 그것은 신을 향한 열쇠를 찾은 것입니다.

사랑을 다시 찾는 길 사랑보다 위대한 것은 없습니다. 신도 사랑보다 위대하지 않습니다. 사랑을 통해 신을 체험할 수는 있지만 신을 통해 사랑을 이룰 수는 없습니다. 신이 현존한다고 해서 사랑도 언제나 현존하는 것은 아닙니다. 하지만 사랑이 현존할 때는 언제나 신을 체험하게 됩니다.

예수도 '하느님은 사랑'이라고 말하지 않았습니까. 사랑을 찾는 것이 가장 근본적인 것입니다. 사랑을 다시 찾으려면 사랑을 어떻게 잃었는지를 알아야 합니다. 사랑을 찾는 길은 사랑을 잃어버린 길과 같기 때문입니다.

인간은 사물에 집착하기 시작하면서 사랑을 잃기 시작합니다. 사랑을 포기하면 하향의 여정이 시작됩니다. 그러나 사랑을 껴안으면 상향의 길이 시작됩니다. 신과 진리보다 사랑을 찾아나서는 것이 중요합니다. 그러면 그 나머지는 그림자처럼 따라오게 되어 있지요. 우리의 그림자가 항상 우리 뒤를 따르는 것처럼 신은 사랑을 그림자처럼 따라다닙니다. 진심으로 사랑할 수 있게 되기 위해서는 집착에서 벗어나야 합니다.

우리가 세간에 집착하는 것은 우리보다 못한 것에 집착하는 것입니다. 우리가 우리보다 못한 것에 계속 집착한다면 어떻게 높이 날아오를 수 있겠습니까. 그것은 바위를 매달고 에베레스트를 오르려는 것과 같습니다. 그것을 던져버리고, 자신을 가볍게 해야 합니다.

우리가 더 높이 오를수록 짐을 덜어놓아야 합니다. 구두쇠는 높이 날아오를 수 없습니다. 나무는 날아오를 수 없습니다. 흰 구름처럼 되어야 합니다. 진정한 구도자는 어디에도 뿌리내리지 않는 방랑자처럼 삽니다.

널리 모든 사람을 사랑하되 특히 어진 사람과 가까이 지내라는 말은 사랑보다 더 중요한 무엇이 있는 것처럼 들립니다. 어진 사람과 가까이 하는 것이 그렇게 중요한 이유는 무엇인지요?

모든 사람을 사랑하는 것은 내가 세상에 외딴 섬으로서가 아니라 광활한 대륙으로 존재하는 방식입니다. 이렇게 살기 위해서 사랑은 더 없이 중요합니다. 그러나 내가 특히 어떤 사람과 더 자주 그리고 더 가까이 어울리고 친하게 지내는가는 내가 되도록 더 아름다운 꽃으로 피어나기 위해서 지향하는 자세에 속합니다.

내가 가까이 지내는 사람의 특성은 부지불식간에 나에게 감염되지요. 조는 사람들과 함께 있으면 그 잠의 진동이 나에게 닿습니다. 하품은 옮는다고 하지요. 실제로 한 사람이 하품을 하면 그 둘레 사람들이 잇달아 하품하게 되는 경험을 우리는 가지고 있습니다.

스승과 함께 있는 것도 비슷합니다. 조금 더 어려울 뿐입니다. 왜냐하면 잠은 하강이지만 각성은 상승이기 때문입니다. 깨어있는 스승과 함께 있는 것은 우리를 깨어 있게 만드는 약이 됩니다. 우리는 주변 사람들에 의해 끊임없이 영향 받습니다.

우리 자신은 전혀 의식하지 못할지 모르지만, 우리의 생각과 느낌은 실상 모두 타인에 의해 이루어진 것이라 할 수 있습니다. 아이들은 모방을 통해 배우고 창조합니다. 우리의 생각뿐만 아니라 감정까지도 어쩌면 이름 모를 남의 것들을 표절한 것일 수 있습니다.

지성의 토양에서 지성의 꽃이 핀다. 스승과 친밀한 관계에 있을 때는 두 가지 일이 일어납니다. 하나는 그의 각성과 사랑, 자비가 전염되는 것이고, 다른 하나는 우리가 배운 모든 것으로부터의 탈피입니다. 스승은 우리에게 진리를 줄 수 없습니다. 하지만 거짓을 제거할 수는 있습니다.

그것은 가장 본질적이고 중요한 일 중의 하나입니다. 거짓을 제거하지 않으면 진리의 수용은 불가능합니다. 진리의 진동은 우리를 건드리고 흔들어 깨웁니다. 아침 햇살이 창문으로 들어와 '아침이야 이제 일어나'라고 속삭임으로써 우리로 하여금 늦잠 잘 수 없게 만들듯이 스승은 그런 햇살이 될 수 있습니다.

적을 선택하는 문제에서도 같은 일이 일어납니다. 그래서 적은 가능한 한 최고의 특성을 지닌 사람이 되어야 합니다. 누군가와 싸울 때마다 우리는 우리의 적과 닮아갑니다. 그러므로 결코 잘못된 선택을 하지 말 것입니다. 그렇지 않으면 승리했을 때조차도 패배하는 것이 되고 맙니다. 우리는 잘못된 적과 마찬가지로 똑같은 교활함과 술수를 배워야 할 것이기 때문입니다. 그런 것을 배우지 않는다면 어떻게 그와 싸울 수 있겠습니까.

지혜로운 사람을 적으로 선택해야 합니다. 그런 적과 싸우기 위해서는 우리 또한 지혜로워져야 합니다. 지성적인 사람을 적으로 선택하는 것이 좋습니다. 그와 싸우기 위해서는 우리 또한 지성적으로 되어야 하기 때문이지요. 승리하느냐 패배하느냐 하는 것은 부차적인 문제이고, 중요한 것은 올바른 적을 선택해야 한다는 것입니다.

공자는 인간관계를 원만히 할 줄 아는 것이 글 공부보다 훨씬 더 중요하다고 하였습니다. 도대체 이처럼 중요한 인간관계란 무엇이며, 어떻게 이루어지는 것인지 좀 더 깊이 생각해보고 싶습니다.

공자는 무엇보다도 인간관계를 중시했습니다. 그는 인간관계의 개선을 통해서 지상에 천국을 건설할 수 있다고 생각했습니다. 이상적으로는 인간과 인간은 서로 어울림으로써 피차간에 천국에 갈 수 있도록 성장을 돕는 것입니다.

그러나 세상 사람들은 서로 상대방의 날개를 부러뜨리려고 몸부림치면서 지옥을 연출하고 있습니다. 사르트르는 타자는 지옥이라고 말하였습니다. 우리는 불행을 느끼며, 다른 모든 사람들이 우리에게 지옥을 만들어주고 있다고 생각합니다.

인간관계는 도처에서 착취로 점철되어 있습니다. 우리는 다른 사람들을 이용하고 있지요. 다른 사람들을 소유하기 위한 교활한 몸짓, 지배하기 위한 교묘한 전략, 우리가 마음속에서 그리고 열정 속에 살고 있을 때, 우리의 삶 전부는 지배 관계입니다. 우리의 사랑, 사회봉사, 인간적인 행동들조차도 지배관계일 뿐입니다. 사람들은 저마다 마음 깊은 곳에 오로지 다른 사람들보다 강력해지고자 하는 열망이 들끓고 있습니다.

왜곡된 인간관계 인간관계는 가장 가까운 사람들 사이에서부터 왜곡되어 있습니다. 부모는 아이를 사랑하기보다 소유하려고 합니다. 부모가 아이를 소유하기 시작하면 아이의 삶은 파괴됩니다. 부모는 아이의 인성을 파괴하고 그를 물건으로 격하시켜 버립니다.

부모는 부모라는 이유만으로 아이를 물건 취급하고 아이의 자유와 존엄성을 죽이려 합니다. 집, 자동차 등 물건만이 소유될 수 있지, 인간은 결코 소유될 수 없습니다. 아이를 단지 내 아이로서가 아니라 한 사람의 독립된 존재, 자신의 권리를 가진 인격체로서 맞아들일 수 있어야 합니다.

남편과 아내는 막상 서로 나란히 앉아 있을 때라도 사실 그들은 가장 멀리 떨어져 있습니다. 남편은 아내의 말을 결코 듣지 않습니다. 그는 오래 전에 귀머거리가 되어 버렸습니다. 아내는 남편에게 무슨 일이 일어나고 있는지 전혀 보지 못합니다. 그녀는 장님이 되어버려서 서로를 당연한 것으로 여기며 물건이 되어 버립니다.

그들은 더 이상 인간이 아닙니다. 인간이란 항상 열려 있으며, 항상 불확실하며, 항상 변화하는 존재이기 때문입니다. 그러나 결혼과 동시에 그들은 죽었습니다. 그날 이래로 그들은 살아 있는 것이 아닙니다. 이제 고정된 임무를 수행해야만 하는 것입니다. 결혼 자체는 나쁘지 않지만, 사랑만이 진실이라는 것을 명심할 일입니다. 사랑이 죽으면 결혼의 가치는 소멸됩니다.

존엄성과 실용성 인간관계에서 가장 중요한 것은 인간의 존엄성을 이해하는 것입니다. 그리고 인간의 존엄성을 인정하는 데서 특히 유의할 것은 능률 위주의 목표에 너무 신경 쓰지 않는 것입니다. 사람이 쓸모 있는 것이 되기 위해 존재한다면, 사람으로서의 존엄성을 무시하는 것입니다. 사람은 더욱 생생하게 살아있기 위해서, 더욱 행복한 존재가 되기 위해서, 지성적으로 꽃피기 위해서 존재하는 것입니다.

누구 한 사람도 소모품으로 폄하되어서는 안 됩니다. 남성도 존중되어야 하고 여성도 존중되어야 합니다. 어른도 존중되어야 하고 아이들도 존중되어야 합니다. 유식한 사람도 존중되어야 하고 무식한 사람도 존중되어야 합니다. 가진 자도 존중되어야 하고 못 가진 자도 존중되어야 합니다. 그들은 모두 신성합니다.

그러나 세속적 인간관계는 사람을 어떻게 존중해야 할까보다 그들을 어떻게 이용할까에 집중되어 있습니다. 사람의 마음속에는 다른 사람들을 소유하기 위한 교활한 생각과 다른 사람들보다 강력해지고자 하는 열망으로 가득 차 있습니다.

이런 마음이 지성으로 극복될 때, 그 똑같은 에너지는 사랑이 됩니다. 그것은 완전히 새로운 방향을 취하고 더 이상 구걸하지 않습니다. 우리는 스스로 황제가 되어 스스로 베푸는 것을 시작합니다. 우리는 무엇인가를 가지고 있습니다. 진작 이것을 가지고 있었지만, 욕망에 가려 그것을 인식하지 못했었지요.

우리는 시선이 내부로 향할 수 있도록, 외부에 대해 더 느슨하고 덜 고정적이고 더 유동적으로 만드는 법을 배워야 합니다. 일단 내가 누구인지 알게 되면, 불행은 사라지고 갑자기 힘으로 넘칩니다. 그리고 그 에너지는 나눔을 필요로 합니다. 이것이 연민이지요. 그러면 사람들은 서로 적대시하지 않고, 서로 경쟁하지 않고, 질투와 소유욕 없이, 사랑으로 가득 차 살아가게 될 것입니다.

진실한 인간관계를 위해서는 여건이나 환경 등 외적 요인을 바꾸기보다는 먼저 심리 상태를 바꾸어야 합니다. 지성적이 되고 지혜롭게 되지 못하면, 인간관계의 축복을 누릴 수 없습니다. 지혜로운 사람만이 홀로 있으면서 동시에 다른 사람과 관계 맺을 수 있습니다. 많은 사람들이 자신으로 존재할 수 없으므로 늘 타인을 원합니다. 어떤 동료라 해도 상관없이 혼자 있는 것을 피할 수 있다면 아무래도 좋다고까지 생각하게 됩니다.

그러나 이는 인간관계를 맺을 수 있는 올바른 길이 아닙니다. 자신을 사랑할 수 있고 홀로 있음을 즐길 수 있는 사람만이 진실한 인간관계를 맺을 수 있습니다. 붓다는 자신을 사랑하라고 말합니다. 이것이야말로 근본적인 전환의 바탕이 됩니다. 자신의 존재가 귀하고 사랑받을 가치가 있다는 것을 알 수 있을 때, 모든 사람을 진실의 빛을 통해 볼 것이고, 모든 사람들에게 공감하고 연민할 수 있게 됩니다.

인간은 소유할 수 없고, 물건만 소유할 수 있다. 만일 어떤 꽃이 우리 가슴에 닿았다면 그 가지를 꺾을 수 없습니다. 소유한다는 것은 파괴를 의미합니다. 소유는 파괴를 통해서만 가능합니다. 무엇인가 소유할 때마다 우리는 그것을 파괴하는 것입니다. 우리가 남자를 소유할 때 그는 더 이상 인간이 아닙니다. 우리는 그를 일상용품 같은 물건으로 전락시킨 것이지요.

영적인 마음은 물질과 영혼 사이에 어떤 구분도 두지 않습니다. 물질과 영혼은 나누어지지 않습니다. 전 존재는 하나입니다. 그것이 바로 영적인 마음입니다. 물질주의자는 여자를 사랑할 때조차도 그녀를 물건으로 전락시켜 버립니다. 그러나 영혼주의자는 물건을 만질 때조차도 그것을 사람으로 변화시키는 사람입니다.

영적인 사람은 차를 운전할 때조차도 그 차가 사람이 되게 하는 사람입니다. 그는 차에 대한 애정과 배려로 가득합니다. 그는 물건과도 교감합니다. 반면, 물질적인 사람은 남자나 여자를 사랑할 때조차도 즉시 그를 물건으로 전락시켜 버립니다. 여자는 아내가 됩니다. 아내는 물건입니다. 남자는 남편이 됩니다. 남편은 물건입니다. 그것은 사회의 제도입니다. 그리고 모든 제도는 추하고 죽은 것입니다.

사랑하는 사람이 소유되는 순간 사랑은 사라져 버립니다. 그때 사람은 하나의 물건이 되고 맙니다. 우리는 그것을 소유하고 이용할 수 있게 됩니다. 그러나 축복은 이제 다시 우리를 찾아오지 않습니다. 축복은 오직 사랑하는 사람이 주인공으로 대접받을 때만 가능한 것입니다.

그때 사랑하는 사람을 통해서 우리 역시 사람이 되는 것입니다. 하지만 우리가 그를 물건으로 만들면 그 역시 우리를 물건으로 대하기 때문입니다. 오직 사람끼리 만났을 때에만 거기 신성神性이 존재할 수 있습니다. 이것이 인간관계의 요체입니다.

공자는, 글 공부는 먼저 인간이 되고 난 다음의 일이라고 보았습니다. 글 공부, 즉 지식을 습득하는 것만이 배움의 전부인 것으로 치부하는 오늘날의 교육 풍토와는 판이한 얘기입니다. 이런 모순을 어떻게 이해해야 할지 혼란스럽습니다.

공자의 이 말은 아담과 이브의 신화를 연상케 합니다. 아담은 생명의 나무 열매보다 지식의 나무 열매를 먼저 따먹음으로써 불행하게 되었지요. 지식을 얻는 순간, 삶이 우리에게 부어주는 아름다움으로부터, 축복과 즐거움으로부터 추방되었습니다. 만일 아담이 먼저 생명의 나무 열매를 먹고 난 다음에 지식의 나무 열매를 먹었다면 추방되지 않았을 것입니다. 아담은 순서를 바꾸어 먹었습니다.

지식은 두 가지 방법으로 올 수 있습니다. 우리는 지식을 책으로부터 얻을 수 있습니다. 그때 사람은 온갖 정보에 오염됩니다. 앎을 향한 인간의 그릇된 접근이 장벽이 됩니다. 앎의 다른 방법은 삶을 통해서 얻는 것입니다. 그때 앎은 우리의 영혼에서 일어나는데 이것이 진정한 앎입니다. 공자가 여기서 강조하는 본뜻은 에덴동산의 신화와 근본적으로 다르지 않습니다.

요즘 젊은이들은 좋은 대학에 들어가기 위해서 지식을 얻는 데만 열중하고, 대학에서는 학생들에게 좋은 직업을 갖도록 준비시키기 위하여 또다시 많은 지식을 쏟아 붓고 있습니다. 인간관계의 도리를 살피고 이를 지성으로 꽃피우는 길은 외면하고 오직 출세와 빵을 버는 방법만을 주입시키고 있는 것이지요. 그러나 예수의 말대로 사람은 빵으로만 사는 존재가 아닙니다. 이것은 매우 초보적인 형태의 교육입니다.

지식산업사회에서 사람들은 수준 높은 생활을 누릴 수 있습니다. 그러나 생활수준이 높아진다고 삶의 수준이 높아지는 것으로 착각해서는 안 됩니다. 도리어 삶을 그르칠 수도 있지요. 지식의 꽃이 만발하고 있는 오늘날, 우리는 생존의 힘겨움과 문명의 위기감을 더욱 절실히 느낍니다.

인간의 힘이 강해지면 인간은 그 힘으로 무엇을 해야 좋을지 모르게 됩니다. 힘이 너무 강해지고 반면 지성과 이해가 미약해질 때, 그 힘은 항상 위험한 결과를 초래합니다.

지식과 지성은 같지 않을 뿐 아니라 상반된 것이다. 자칫 지성과 지식을 동일시하기 쉽지만, 지식은 무력합니다. 지식은 결코 우리를 변화시키지 못합니다. 우리는 무엇이 좋은 것인지 알고 있습니다. 그러면서도 좋지 않은 일들을 하고 있지요. 돈은 유용하지만 그 노예가 되는 것은 어리석은 것이며, 환경은 생명의 터전이므로 절대로 파괴해서는 안 되는 것을 잘 알지만 계속해서 어리석은 짓을 하고 있습니다.

지식은 우리 존재의 일부가 될 수 없으며 한갓 장식에 불과합니다. 만일 우리가 저지르고 있는 어리석은 일들이 얼마나 위험한 것인지 경험을 통해서 알게 된다면, 그 참된 앎은 우리를 변화시킬 것입니다. 그때 비로소 우리는 이런 짓을 하지 않게 될 것입니다. 내 몸과 내 집에 기름을 붓는 것과 같다는 사실을 알면서 어떻게 성냥을 그어댈 수 있겠습니까. 앎은 우리 존재와 함께 합니다. 그러나 지식은 우리 존재에서 이탈합니다.

지식을 쌓으면 박식해집니다. 그러나 박식한 것과 아는 것은 다르지요. 현명해지려면 지식이 아니라 지성과 지혜가 필요합니다. 이 시대 많은 청년들은 박식해지기 위해서 열정을 다합니다. 그러나 유감스럽게도 그들의 열정은 어리석다고 말하지 않을 수 없습니다. 열정이 지성의 향기를 머금지 못할 때, 그것은 위험하기까지 합니다. 이것은 열정에 반대하는 것이 아니라 무지와 기계적인 것에 반대하는 것입니다.

열정은 파괴되어야 할 것이 아니라 잘 다스려서 복종시켜야 할 그 무엇입니다. 열정은 노예로서는 아름답지만 주인으로서는 위험합니다. 우리가 총총히 깨어 있어 열정을 지켜보고 우리 안에 무엇이 일어나고 있는지 응시하며, 점차 기계적인 것으로부터 벗어나 올바른 방향으로 변화될 때 비로소 우리는 주인이 됩니다.

7

예는 두 극단 사이에서
조화롭게 이루어져야 한다

有子曰 禮之用和爲貴 先王之道 斯爲美 小大由之 有
유자왈 예지용화위귀 선왕지도 사위미 소대유지 유

所不行 知和而和 不以禮節之 亦不可行也
소불행 지화이화 불이예절지 욕불가행야

유자가 말하였다. "예의 쓰임은 온화함이 귀하다. 선왕들의 도
에서는 이것이 아름다웠다. 작은 일이나 큰일이나 이 원칙에
따라 행해졌다. 이와 관련하여 행해져서는 안 될 것이 있으니,
온화함만 알고 온화하게만 할 뿐 예로써 절제하지 않는 것은
또한 행해서는 안 될 것이다."

주해 ─────────

禮 예절, 예법 | 用 쓰임, 사물의 본체를 체體라 하는 데 대해서 그 쓰임을 용
用이라 한다. | 和 온화하다, 지나치지 않고 조화롭다 | 爲貴 귀하게 여기다 |
先王 전 시대의 왕, 여기서는 그 가운데 특별히 위대한 왕을 가리킨다. | 斯
이것 | 爲美 아름답게 되다, 아름답게 여기다 | 由 말미암다, 따르다 | 之 이
것, 목적어로 쓰인 형식적 대명사 | 有所不行 행하지 않을 바가 있다 즉 행해
서는 안 될 것이 있다, 所는 그 아랫말의 꾸밈을 받는다, 有는 서술어로서 주
어를 다른 서술어들과는 달리 그 아래에 두는 특성이 있다, 여기서는 所不
行이 주어다. | 知和 和(의 가치)를 알다 | 以禮節之 예로써 이를 절제하다 |
不可行 행해서는 안 되다, 행할 수 없다.

예절이 강조된 전통사회에서는 예절을 엄격한 규율로 강요함으로써 적잖이 인간성을 파괴하였습니다. 유교 사회에서는 수백 가지의 해야 할 것과 하지 말아야 할 것들이 고정된 유형의 행동 지침으로 인간에게 부과되어 왔습니다. 이런 규율은 그 자체가 문제가 되는 것은 아니지만 그에 얽매이면 사람들은 자연스럽게 살 수도 창조적으로 성장할 수도 없는 것이 문제입니다.

이에 대한 반발로 현대인들은 구속 없이 자유분방하게 살려 합니다. 그리하여 낡은 질서, 규율, 도덕이 붕괴되고 사회는 사람들의 양심에 대한 지배력을 상실한 상태입니다. 인간의 마음은 극단으로 쏠리기 쉽습니다. 지성적인 사람은 이를 경계합니다. 잘못된 극단에서 그 반대쪽 극단으로 건너뛰면 그 반대쪽 극단도 잘못됩니다. 진리는 두 극단의 중간쯤에 있습니다. 그러나 한가운데 머무르려고 하여 그 한가운데 달라붙으면 우리는 빗나갈 것입니다.

이것이 삶의 신비입니다. 한가운데 머무르기 위해서는 끊임없이 오른쪽이나 왼쪽으로 움직여야 합니다. 그렇게 할 때 비로소 거기에 머물러 있을 수가 있습니다. 중용이란 고정적인 한 점이 아닙니다. 모든 것은 두 극단 사이에서 조화로운 리듬이 창조되어야 합니다. 두 극단 모두 반쪽일 뿐입니다.

그래서 아주 무서운 선생도 때로는 부드러워질 수 있어야 하고, 매우 엄한 아버지도 때로는 너그러워져야 합니다. 그럼으로써 균형이 이루어지는 것이지요. 그러나 오늘날은 무서운 선생, 엄한 아버지를 찾아보기 어려울 정도로 세상은 엉망이 되고, 본연의 인간다운 삶에서 반대 방향으로 멀어져 가고 있습니다.

이를 극복하기 위해 현대의 지성인들에게 요구되는 것은 전통적 예절이나 도덕의 부활이 아니라, 자각을 통해 내면으로부터 자발적으로 인격이 피어오르게 하는 것일 듯합니다. 어떤 예의범절도 우리를 둘러싸고 있는 죽은 골격으로 우리를 구속할 뿐입니다.

어떤 삶의 양식을 기계적으로 따르기보다 우리 스스로가 삶의 양식을 결정하고 우리 자신의 각성 속에서 살 수 있도록 우리의 통찰력을 일깨우고, 인식의 눈을 떠야 합니다. 그리하여 자신의 빛 속에서 살기 시작할 때, 예절은 그림자처럼 따라올 것입니다. 각성의 빛 뒤에는 그림자처럼 덕이 따르게 마련입니다.

동양의 전통적인 예법은 매우 복잡하고 엄격해서 이를 기계적으로 따른다면 삶이 생기를 잃고 적잖이 희생될 것 같습니다. 모든 규율은 형식에 얽매이기보다는 융통성 있게 그 정신을 존중하는 것이 중요하지 않을까요?

엄격하게 규정된 규율을 실제 적용할 때는 융통성을 발휘하는 것이 필요합니다. 규율은 획일적이고 고정된 것이나 삶은 늘 변하고 사람의 개성은 다양하기 때문입니다. 동양에서는 일찍이 예절을 중시하여 예법이 발달하고 이른바 동방예의지국과 같은 말을 만들어내게 되었습니다.

그러나 사람이 너무 예의에 집착하면 삶이 번거롭게 되고 생기가 없을뿐더러 비인간적으로까지 내몰릴 수도 있습니다. 전통사회에서 초년과부가 예법에 묶여 평생을 불행하게 지낸 것이나, 젊은이들이 어른들을 섬겨야 하는 중압감에 억눌려 자유분방하게 자신의 꿈을 펼치지 못한 것 등은 예가 얼마나 인간적인 삶을 파괴할 수 있는가를 보여주는 예입니다.

예에 지나치게 구속될 때 다른 경우와 마찬가지로 이 또한 무서운 역기능을 발휘할 수 있습니다. 그래서 예의 실행에서는 늘 조화의 묘를 살리는 지혜가 필요합니다. 예의는 어느 시대 어느 인간관계에서도 없을 수 없습니다. 그러나 오늘날 예는 수직적인 데서 수평적인 것으로 빠르게 변해가고 있습니다.

부부간에도 이미 여필종부女必從夫 같은 낡은 관념은 사라진 지 오래고, 피차 친절한 배우자가 되는 것을 중요하게 여깁니다. 친절하고 부드럽게 대하는 것이 무엇인지 이해하지 못하면, 사랑이 증오를 가져올 가능성이 있기 때문입니다. 사람은 사랑하는 사람을 증오하는 모순 속에 삽니다. 그 증오는 예법만으론 극복될 수 없습니다. 사랑이 꽃이라면 예법은 그 향기에 해당한다 할 것인데, 꽃이 더 이상 존재하지 않는다면 향기 역시 더 이상 있을 수 없습니다.

예가 지향할 새로운 방향 만약 우리의 진지함이 다른 사람에게 상처를 준다면 피하는 것이 좋을 것입니다. 이는 다른 사람에게 상처를 주는 데 그치지 않고 이것이 하나의 원인이 되어 우리에게도 어떤 영향을 미칠 것이기 때문입니다. 정의나 예의보다는 사랑이 먼저 고려되어야 합니다.

그래서 진실함이 남에게 상처를 주고 폭력이 될 것 같으면 진실한 것보다는 거짓말을 하는 편이 낫습니다. 우리가 진실해질 수 있는 적절한 순간을 기다리면서 다른 사람이 우리의 진실함으로 인해 상처를 입지 않는 상태에 이를 수 있도록 도와주는 것이 바람직하지요.

올바른 행동이란 우리의 행동에 대해 언제나 기뻐하고 행복해하는 것을 뜻합니다. 우아하고 부드러우며 남에게 전혀 해를 끼치지 않는 것입니다. 이는 성장을 돕고 불필요한 문제들이나 위기를 피하는 데 도움을 줍니다.

혼히 우리는 불필요하게 많은 문젯거리를 만들고, 그것들을 해결하느라고 시간과 에너지를 소모합니다. 사소한 문제 하나가 삶 전부를 파괴해버릴 수도 있습니다. 올바른 행동이란 다른 사람들과 싸우지 않고 이 세상을 살아가는 것이며, 불필요한 적을 만들지 않고 이 세상을 살아가는 것입니다.

삶을 너무 심각하게 받아들일 필요가 없습니다. 배우들이 가면을 쓰듯이 왜 우리도 가면을 쓰고 즐기지 않습니까? 삶에서 올바른 행동이란 다른 사람들을 고려하는 것입니다. 필요하면 가면을 쓰고 이것은 우리가 연기하고 있는 게임에 지나지 않는다는 것을 깨닫고 있으면 됩니다.

예의는 인생을 심각하게 만드는 것이 아니며, 인생을 즐기는 것을 방해하지 않는 것이 되어야 합니다. 늘 웃는 얼굴로 다른 사람과 화목하게 지내는 것은 좋은 일입니다. 웃음은 언제나 좋은 것이지요. 아내나 남편이 다른 사람과 함께 웃는 것도 좋은 일입니다. 누구와 웃고 있느냐가 중요한 것이 아닙니다. 웃음은 그 자체로 좋고 소중합니다.

아내나 남편이 다른 사람의 손을 잡고 있다면 이 역시 좋아해야 할 것입니다. 따뜻함이 오고 갈 것이고 그것은 소중하고 좋은 일입니다. 누구와 온기를 나누었느냐는 중요하지 않습니다. 사랑은 호흡입니다. 호흡은 육체의 생명이고, 사랑은 영혼의 생명입니다. 그리고 사랑이 표현되는 우아하고 진실한 방식이 예가 될 수 있을 것입니다.

외적인 규율을 기계적으로 따르지 않으면서도 그 정신을 잃지 않기 위해서는 단순히 겉으로 따르는 것 이상의 깊은 내적 이해가 필요할 듯한데, 이에 관해서 말씀해 주시겠습니까?

매우 중요한 지적입니다. 규율의 지나친 구속에서 자유로운 것이 결코 방종을 위한 것이거나 무질서한 삶을 용납하는 것은 아닙니다. 영어의 규율discipline이라는 단어는 제자disciple라는 단어와 같은 어원에서 나왔다고 합니다. 이 어원이 지닌 뜻은 '배움의 과정'입니다. 배울 준비가 된 사람이 제자이며, 배울 준비가 되어가는 과정이 규율입니다.

　그간 규율이란 말은 잘못 해석되어 왔습니다. 이것은 하고 저것은 하지 말라고 남에게 지시하는 의미로 규율이란 말을 사용해 왔습니다. 수많은 해야 할 것과 하지 말아야 할 것들이 사람들에게 부과되었습니다. 이런 구속 가운데서 살아갈 때 창조적이 될 수 없습니다.

　갇혀 있는 것과 같아서, 어디를 보든 벽이 가로막고 있을 것입니다. 창조적인 사람에게는 이런 외부의 구속보다 자유의 공간이 필요합니다. 오직 그때에만 그의 내면 깊은 곳의 자발성이 자라나기 시작할 것입니다.

　진정한 스승은 우리에게 아무런 계명도 주지 않습니다. 그는 단지 어떻게 배우는 상태로 남아 있으면서 고정된 형식의 노예가 되지 않을 수 있는가 하는 통찰을 우리에게 줄 뿐입니다. 규율은 바로 우리의 가슴에서 나와야 합니다. 그것은 우리의 것이 되어야 합니다. 여기에는 커다란 차이가 있습니다.

　누군가 다른 사람이 우리에게 규율을 줄 때, 그것은 결코 우리에게 맞을 수 없습니다. 그것은 다른 사람의 옷을 입은 것이나 마찬가지로 너무 헐렁하거나 너무 꽉 낄 것입니다. 그런 옷을 입고 있을 때, 우리는 어딘가 바보같이 느껴질 것입니다. 진정한 규율이란 개인적인 것입니다. 그것이 빌려온 것이라면, 우리는 정해진 원칙, 죽은 원칙에 따라 살아야 합니다.

그런데 삶은 결코 죽어있지 않습니다. 삶은 매 순간 흐르면서 변하는 강물과 같으며, 우리는 각각의 상황과 그 미묘한 차이에 대해서 민감하게 깨어 있어야 합니다. 남들에 의해 주어진 기존의 대답에 의해서가 아니라 순간적 상황에 감응해야 합니다.

위대한 스승은 우리에게 순간을, 순간의 자유를, 순간의 책임을 가르칩니다. 똑같은 것이 이 순간에는 옳지만 바로 다음 순간에는 틀린 것이 될 수 있습니다. 순간의 상황에 따라 순간을 살면, 우리의 감응은 전체적이 될 것입니다. 그리고 그 전체성은 아름다움을 지니고 있습니다.

선왕의 도가 이런 점에서 아름답다고 한 것으로 미루어 선왕들의 예절에 대한 관심이 각별하였던 듯합니다. 이는 오늘의 정치 지도자들에 비해 확실히 큰 장점이 아닐까요?

선왕이란 선대의 왕을 가리키나 그 시대라고 모든 왕이 다 도덕적으로 훌륭하였던 것은 아니므로, 이는 그 중에서도 정말 왕다운 왕을 의미합니다. 물론 지금의 정치판에 비해 왕다운 왕이 많았던 것은 사실이고 이것이 순박한 시대의 풍조이기도 합니다. 여기서는 참으로 예에 투철했던 한 뛰어난 인품의 왕에 대한 얘기를 함께 생각해보도록 합니다.

왕이 총리대신과 경호원을 대동하고 사냥을 나갔다가 깊은 숲 속에서 길을 잃었습니다. 해가 저물 무렵 그들은 제각기 숲 속을 헤매다가 나무 밑에 앉아 있는 늙은 장님 거지와 마주쳤습니다. 제일 먼저 그 장님 거지와 마주친 사람은 경호원이었습니다.

"당신 같이 눈 먼 사람이 여기서 무엇을 하고 있는가?" 노인이 대답했습니다. "아무 것도 하고 있지 않네. 나는 하루 종일 구걸하다가 날이 저물어 마땅히 갈 곳도 없고 해서 이리 쉬러 온 거라네." 경호원이 말했습니다. "그러면 도시로 가는 길을 알려줄 수 있겠는가?"

노인이 말했습니다. "알려 주고말고, 그러나 먼저 말하고 싶은 게 있네. 자네는 계급이 낮은 사람 같은데, 아마 시종이나 경호원쯤 되겠지. 노인에게 말하는 법도 모르는 걸 보면." 그리고 나서 노인은 길을 일러주었습니다.

다음으로 총리대신이 노인과 마주쳤습니다. 그는 최대한 예의를 갖추고 말했습니다. "저는 길을 잃었습니다. 노인장께서 길을 알려 주신다면 매우 고맙겠습니다." 노인이 말했습니다. "방금 당신의 일행인 듯한 사람이 지나갔는데 그에게 길을 가르쳐 주었소만, 그가 경호원 맞소?"

총리대신이 말했습니다. "노인장은 눈이 멀었는데 어떻게 그것을 알 수 있습니까? 노인장은 굉장히 현명한 분 같습니다. 맞습니다. 그는 바로 경호원이었습니다. 그가 무례를 범했다면 제가 대신 사과드리겠습니다."

노인이 말했습니다. "아무도 내게 무례를 범할 수는 없소. 삶이 내게 무례를 범했을 뿐이지. 아무튼 당신은 예절 바른 사람이구려. 아마 왕의 신하나 총리대신쯤 되겠는걸." 노인이 길을 알려주자 총리대신은 감사하며 길을 떠났습니다.

그 다음으로 왕이 왔습니다. 그는 노인의 발아래 엎드려 예를 올린 다음 말했습니다. "여기에 계시면 안 됩니다. 비구름이 몰려오고 있습니다. 저와 함께 궁전으로 가시는 게 좋겠습니다. 그러니 길을 알려 주십시오."

노인이 예를 표하며 말했습니다. "당신의 자비심으로 보아 당신의 의식이 얼마나 많이 깨어 있는지 알 것 같습니다. 당신은 이 나라의 왕이 틀림없을 것입니다. 당신이 왕이 된 것은 우연이 아닙니다. 당신은 왕이 될 만한 품성을 가지고 있습니다. 당신이 오기 전에는 총리대신이 지나갔고, 그 전에는 경호원이 지나갔지요." 왕이 말했습니다. "아니, 앞을 볼 수 없는 분이 어떻게 그것을 아셨습니까?"

노인이 말했습니다. "그런 질문은 하지 않는 게 더 좋을 뻔했습니다. 나도 한 때는 작은 왕국의 왕이었지요. 나는 왕국을 잃었지만 기억력과 의식까지 잃지는 않았습니다. 나는 눈으로 볼 필요가 없습니다. 그 사람의 태도만으로도 그가 어떤 부류의 사람인지 알 수 있지요. 당신은 왕이기 때문에 품위가 있는 것이 아니라, 그 품위가 당신을 왕으로 만든 겁니다."

왕은 그 노인을 궁전으로 모셔와 평생 손님으로 머물게 했습니다. 후에 왕은 사람들에게 이렇게 말했습니다. "어떤 사람의 태도만으로도, 그가 어떤 품성을 가진 사람인지, 무슨 일에 종사하는지, 어느 정도의 의식 수준인지 아는 분은 성자임에 틀림없다. 그는 비록 육신의 눈은 멀었지만 내면의 눈은 형형히 빛나고 있다."

사람들은 큰일에 대해서는 조심하고 경건한 마음가짐을 갖지만, 작은 일은 소홀히 하는 것이 보통입니다. 그러나 우리와 달리 선왕은 작은 일에서도 큰일과 마찬가지로 경건한 마음으로 대했다는 것은 어떤 경지에서 이루어진 것인지요?

이런 선왕은 왕이기 때문에 그런 것이 아니고 지혜롭기 때문에 그럴 수 있었던 것입니다. 의식의 각성을 이룬 사람은 큰일과 작은 일의 구분이 없습니다. 모두 같은 차원에서 이루어집니다. 그래서 이런 이야기도 전해집니다.

한 선왕이 실수로 의자를 친 뒤에 의자에게 사과하였습니다. 신은 모든 것에 숨어있다고 그는 믿었기 때문입니다. 아주 작은 사물들을 향한 그의 예의와 책임감은 그가 존재와 완전히 융합되어 있다는 것을 보여 줍니다. 우리가 우리 주변의 작은 것들에 더 많은 책임을 느끼고 예의를 갖추게 되면, 신은 계속해서 그 몇 배로 감응합니다.

선가에서는 일상적인 삶과 종교적인 삶을 구분하지 않습니다. 오히려 그 둘 사이에 다리를 놓았지요. 그리고 일상적인 일들을 명상을 위한 방편으로 삼아왔습니다. 우리가 명상을 위한 방편으로 일상적인 삶을 살지 않으면, 그 명상은 도피 수단밖에 되지 못합니다.

구도자는 일상생활 안에 깨달음을 끌어넣으려고 합니다. 자고 먹고 사랑하고 기도하고 명상합니다. 그러나 자신이 특별한 일을 하고 있다고 생각하지 않습니다. 그리고 그때 그는 특별해질 것입니다. 일상적인 삶을 진실하게 살 채비가 되어 있는 사람은 초월적인 인간입니다. 긴장을 풀고 평범하게 되는 것이 진정으로 초월적인 것입니다.

한 걸음 한 걸음이 모여 천리 길이 된다. 도는 한 번에 한 걸음씩 내딛음으로써 찾을 수 있습니다. 아무리 나약한 사람이라 할지라도 한 번에 한 걸음 내딛는 정도의 능력은 가지고 있습니다. 또 아무리 능력 있는 사람이라도 한 번에 한 걸음 이상을 내딛을 수는 없습니다. 사람은 누구나 한 번에 한 걸음을 내딛을 수 있을 뿐입니다. 그러므로 한 걸음씩 내딛으면서 어느 걸음도 하찮게 생각해서는 안 됩니다.

우리는 언제나 한 걸음씩만 내딛을 수 있습니다. 그렇지만 계속해서 한 번에 한 걸음씩 내딛는 사람은 무한한 거리를 극복할 수 있습니다. 한 번에 한 걸음씩 내딛는 것으로는 아무 일도 일어나지 않을 거라고 생각하고 아예 내딛지 않는 사람은 결코 어디에도 도달할 수 없습니다.

작은 것은 작은 것이 아닙니다. 아주 작은 것이 아주 큰 것을 방해할 수도 있지요. 타고르는 피곤해서 책을 덮고 작은 촛불을 입으로 불어 껐습니다. 그러자 갑자기 커다란 계시가 일어났습니다. 작은 촛불을 끄자 창문으로 달빛이 들어와 오두막 안에서 춤을 추기 시작했습니다. 그 갑작스러운 변화, 촛불이 타고 있어서 달이 안으로 들어올 수 없었는데, 촛불이 꺼지는 순간 달빛이 안으로 들어온 것입니다.

타고르는 그 순간 아름다움이 무엇인지 알았습니다. 그 전적인 고요, 멀리서 들리는 뻐꾸기 소리, 갑자기 밀어닥치는 달빛… 그는 노트에 썼습니다. '얼마나 어리석었던가. 나는 미美의 정의를 책에서 찾고 있었는데, 그것이 바로 내 문 앞에 있었다니! 작은 촛불이 거대한 달이 들어오는 것을 막고 있었다니, 바로 그처럼 나는 그날 밤 보잘것없는 에고와 그 미미한 빛이 큰 손님을, 신을 가로 막고 있었다는 것을 알았다.'

작은 것들 속에서 큰 깨달음이 나온다. 진실한 사람은 큰일을 획책하기보다는 성실한 마음으로 작은 일들을 즐깁니다. 읽기를 즐기고, 먹기를 즐기고, 사랑을 즐깁니다. 이 모든 것들은 지극히 작은 일들이지만 이 작은 것들 속에서 큰 깨달음이 나옵니다.

에고는 항상 '이것들은 사소한 것들이다. 거대하고 위대한 것을 찾고 신을 찾고 진리를 추구하라.'고 말합니다. 그러나 깨달은 이는 말합니다. "위대한 것이란 없다. 단지 작고 사소한 일들만이 있을 뿐이다."

그는 사랑을 잘 합니다. 깊은 사랑에 빠집니다. 그는 노래를 잘 합니다. 심오한 노래를 합니다. 잠을 푹 자고 아침 산책을 하고, 청소, 목욕 등을 합니다. 우리는 아주 사소하고 작은 일들을 즐길 것이니, 그밖에 달리 할 일도 갈 곳도 없습니다. 헛된 희망과 부질없는 욕망을 떨쳐버려야 합니다.

이렇게 일상적인 삶의 과정을 성실히 행하다 보면 어느 날 갑자기 성숙해져 있는 자신을 발견하게 될 것입니다. 이것이 진정으로 성숙해 가는 길이지, 그렇지 않고 달리 성숙해질 수 있는 길은 없습니다.

예를 부드럽게 행할 필요는 있지만, 그냥 좋은 게 좋다는 식으로 하여 예의 본래 정신을 망각해서는 안 될 것 같습니다. 예를 엄격함과 부드러움으로 조화를 이루는 것에 대해 구체적인 예를 들어 말씀해 주시겠습니까?

어떻게 하면 예에 지나치게 집착하지 않으면서 그 기본 정신에서 벗어나지 않는지 끊임없이 깨어 있어야 합니다. 예의 엄격한 틀에서 조금 벗어나 융통성을 발휘하려다가 자칫 너무 벗어나 오히려 예를 상실하게 되기 쉽기 때문입니다. 중용이란 산술 평균 같은 기계적인 것이 아니라 그 본질에 대한 깊은 이해에 의해 그때그때 상황에 맞게 자연스럽게 결정될 것입니다.

가령, 부자 관계에서 아버지는 자식에게 얼마나 따뜻하게 대하면서도 엄격함을 잃지 않고, 또 자식은 어떻게 아버지를 공경하면서 다정하게 대해야 좋은 아버지 좋은 자식이 될지 생각해보지요.

아들의 도리 좋은 아들이란 옛날 효자처럼 무조건 복종하여 노예같이 되는 것일 수 없습니다. 만일 아들이 노예같이 된다면 그는 결코 좋은 아들이 아닙니다. 아무리 효자라지만 전적으로 복종만 한다면 위선자지요. 겉으로는 복종해도 속으로는 반항할 수도 있을 테니까요.

진정으로 좋은 아들은 신중하고 이해심이 깊으며 부모를 존경할 줄 아는 아들입니다. 좋은 아들은 아버지의 말을 잘 듣습니다. 왜냐하면 아버지는 앞서 오랜 동안 삶을 살아오면서 많은 것을 경험했고 많은 것을 알고 있기 때문입니다. 그는 아버지의 삶을, 삶의 지혜를 이해하려고 합니다. 그는 열려 있습니다. 복종하거나 불복종하는 일에 서두르지 않습니다.

좋은 아들은 들을 준비가 되어 있고 이해할 준비가 되어 있습니다. 그는 아버지와 의견이 일치한다고 느끼면 아버지의 말을 들을 것이고, 일치하지 않는다고 느끼면 왜 그런지 그것을 말할 것입니다. 반항할 문제가 아니라 그의 의견이 다르다는 것을 명백히 하면 됩니다. 그렇지 않고 시키는 대로만 한다면 정직하지 못하고 내면에 분열이 일어나게 될 것입니다.

아버지와 아들 사이에는 원활한 대화가 필요합니다. 아버지는 과거를 대표하고 아들은 미래를 대표하기 때문입니다. 이 둘 사이를 잇는 다리가 필요하고 이것은 어느 한 쪽에서만 할 일이 아닙니다. 아들이 좋은 아들이 되어야 할 뿐만 아니라 아버지도 좋은 아버지가 되어야 합니다.

좋은 아들이란 아버지가 옳다고 느낄 때 아버지에게 복종할 준비가 되어 있고, 아버지와 의견을 달리할 때 그것을 아버지에게 말할 수 있으며, 혼자서 결정을 내리지 못할 일이 생겼을 때 아버지와 상의할 수 있는 아들을 말합니다. 살면서 도저히 스스로 결정을 내리지 못할 일이 일어났을 때, 그때는 아버지의 말을 듣습니다. 그가 더 현명하기 때문입니다.

아버지는 역사를 의미합니다. 아버지는 그보다 더 많이 살고 그보다 더 많은 것을 경험한 연장자들의 상징입니다. 그들의 삶과 경험에 대한 깊은 존경심이 필요합니다. 결코 노예가 될 필요는 없고 반항할 필요도 없습니다. 필요한 것은 이해입니다.

만일 복종이 이해로부터 나온 것이라면 그것은 아름답지요. 그리고 만일 반항이 이해로부터 나온 것이라면 그것 또한 아름답지요. 복종이든 반항이든 반드시 이해로부터 나와야 합니다. 좋은 아들은 아버지와 모든 연장자들의 말을 듣고 열린 마음으로 그들을 받아들이려고 합니다.

아버지의 도리 아버지도 좋은 아버지가 되어야 함은 말할 것도 없습니다. 그래서 원은 완성되어야 합니다. 좋은 아버지가 된다는 것은 무엇을 의미합니까? 좋은 아버지는 아이들에게 아무 것도 강요하지 않습니다. 아이들에게 사랑을 주고 아이들이 삶을 이해하도록 도와줄 뿐, 항상 선택은 아이들에게 있음을 명백히 합니다.

아이가 그의 말을 따르고 싶다면 따를 수 있으나 전적으로 그 자신의 선택을 따르는 것입니다. 만일 그가 따르고 싶어 하지 않는다면 그렇게 하지 않는 것도 그의 자유입니다. 그는 그 자신의 선택을 따르고 있는 것이니까요. 아이에게 모든 것을 명백히 해 둘 필요가 있습니다. 아버지는 아이를 사랑하므로 자신의 경험을 그에게 주고자 합니다.

그러나 강요하지는 않습니다. 그로 하여금 이해하며 이해만이 유일한 법이 되게 합니다. 아이가 자신의 이해를 따르게 하는 것입니다. 아버지는 단지 도와주는 사람이 되어야지, 아이를 자기가 원하는 대로 만들려 해서는 안 됩니다. 행여 자신의 야망을 채우는 데 아이를 이용하는 것은 아닌지 늘 돌아볼 일입니다.

아버지는 아이를 사랑하고 그 아이를 신중하고 강하게 만들어 독립적으로 자기 삶을 이끌어 갈 수 있게 해야 합니다. 좋은 아버지는 아이를 불구로 만들지 않습니다. 아이가 아버지에게 의존하게 만들지 않습니다.

좋은 아버지가 있다면 자연히 그 아들도 좋은 아들이 될 것입니다. 아이는 노예가 되도록 강요받지 않을 것이기 때문입니다. 그리고 그가 좋은 아들이었다면 훗날 아버지가 되었을 때 그 또한 좋은 아버지가 될 것입니다. 이것이 가정환경이고 가풍입니다. 가풍은 사랑과 신뢰와 우아한 기품으로 가득 차야 합니다.

오늘의 사회는 예가 지나치게 무시되어 전통사회와는 정반대의 극단으로 치우치는 것을 염려들 합니다. 어떻게 하면 이를 극복해서 조화를 이룰 수 있을까요?

전통사회에서는 예법이 너무 지나치게 요구되었고, 지금은 예법이 거의 무시되다시피 되었습니다. 이것은 일종의 반작용 현상입니다. 사람들은 어떤 것에서 그 반대로 움직이는데, 이것은 변화의 과정이 아닙니다. 우리 마음은 오른쪽 왼쪽으로 왔다 갔다 하는 시계추와 같습니다.

이것이 오랜 동안 인간의 삶이 움직이고 있는 방식입니다. 마음은 결코 중앙에 머물지 못합니다. 그러나 그 중앙에 비밀이 있습니다.

추가 중앙에 멈추면 시계가 멈추어 서지요. 시간을 초월하는 것은 곧 이원성을 초월하는 것입니다.

우리는 지나치게 엄격한 예법에 집착해서도 안 되지만, 그와 반대로 너무 멋대로 풀어져서 예의 본질이 파괴되고 무질서 상태가 되어서도 안 될 것입니다. 지금 우리가 살고 있는 이 세상이 바로 이런 경우에 해당한다고 할 수 있겠는데, 원칙은 공허하게 도덕책 속에만 남아 있고 아무도 이를 거들떠보지도 않는 형편입니다. 그래서 도덕 재무장 혹은 의식 개혁의 문제가 제기되기도 하지만, 이는 결코 도덕에 관한 문제만도 아닙니다.

자각과 내적인 수양　이와 관련하여 우리는 비유적으로 한 게송을 인용하고 그 의미를 살펴보려 합니다.

> 채찍과 고삐를 떼놓지 않음은
> 멋대로 걸어서 진흙 속으로 들어갈까 보아
> 염려하기 때문이다.
> 잘 길들이면 자연히 온순해지리니
> 그때는 고삐를 잡지 않아도 주인을 따르리라.

이것은 농부가 소를 부리기 위해 어떻게 강압적으로 혹은 자발적으로 그를 움직이게 할 것인지 말하고 있습니다. 여기서 채찍은 자각의 상징이고, 고삐는 내적인 수양의 상징이지요. 자각과 수양은 구도자들에게 가장 중요한 것입니다. 자각 없이 수양하면 우리는 자칫 위선자가 되거나 노예나 로봇이 되고 말 것입니다.

우리는 아무에게도 해를 입히지 않을지도 모릅니다. 선량한 사람, 심지어는 위대한 성자로 알려질 수도 있지만 진정으로 진실한 삶을 살지는 못할 것입니다. 진정으로 즐기고 축복하지 못하는 삶에는 아무 기쁨도 없습니다. 생기발랄한 삶의 역동성이 사라지고 아주 심각하기만 한 사람이 될 것입니다. 이 심각함은 병이지요.

자각 없이 수양을 쌓으려 하면 그 수양은 강압적인 것이 되고 일종의 폭력에 가까운 것이 됩니다. 이것은 자유를 주기는커녕 더 많은 구속과 짐을 안겨 줍니다. 자각을 바탕으로 한 수양이 옳습니다. 그러나 아무런 자각 없이 맹목적인 신념에 의해 행해지는 수양은 크게 잘못된 것입니다. 그것은 독약과 같습니다. 그러므로 첫째 자각이라는 채찍이 있어야 하고 둘째 수양이라는 고삐가 있어야 합니다.

그러면 수양은 왜 필요한가 하면 어느 정도 자각을 이루었다고 해도 처음에는 그것만으로는 충분하지 않기 때문입니다. 마음은 낡은 패턴에 따라 움직이기 때문입니다.

수양의 필요와 한계 수양이란 에너지가 낡은 패턴에 따라 흐르지 않도록 새 길을 내는 일입니다. 우리는 평생 화를 내며 살아왔고 살아갈 것입니다. 분노의 뿌리는 깊지요. 우리가 에너지를 가지게 되는 순간 그 에너지는 자동적으로 분노를 통해 흐르려고 합니다. 에너지가 넘치는 것은 좋은 일이지만, 다른 차원으로 흘러야 합니다.

이를 위해서는 수양이 필요합니다. 그래야 에너지가 솟아오를 때 그 에너지가 분노가 아니라 사랑 안으로 흘러들게 됩니다. 수양을 해야만 에너지가 욕정이 아니라 자비 안으로, 탐욕이 아니라 나눔의 마음 안으로 흘러들 수 있습니다. 새로운 길을 내기 위해서는 수양이 필요합니다. 자각과 수양이 병행되어야 합니다. 그래서 자발적인 규율과 수양이 이루어지면 좀 더 높은 차원으로 오르게 됩니다.

그러나 도덕주의자들은 열심히 수양만 하면 되고 자각 같은 것은 필요 없다고 말합니다. 하지만 수양만으로는 충분치 않습니다. 자기 수양에만 매달리는 사람들은 자기도 모르는 사이에 서서히 기계 인간이 되어갑니다. 기계는 계속해서 어떤 일을 하지요.

기계는 선하지도 악하지도 않습니다. 영혼이 없으니 그저 똑같은 일을 반복할 뿐이지요. 반복은 죽은 것입니다. 교회에 가서 날마다 기도할 수 있지만 마음의 메커니즘이 그것을 반복하고 있을 뿐, 그 기도 안에 인간은 존재하지 않습니다.

우리는 봉사 활동을 할 수 있습니다. 가난하고 병든 사람들을 돕는 일을 할 수 있습니다. 그러나 로봇처럼 움직이고 있다면, 오직 수양이 있을 뿐이고 자각이 없다면 우리는 인간이 아니라 컴퓨터입니다. 사회 도처에서 수양과 선행을 가르치고 있지만, 사람들은 그런 행위를 통해 깨어나지 못합니다.

이처럼 도덕주의는 반쪽일 뿐입니다. 선禪에서는 자각과 수양이 동시에 병행되어야 한다고 말합니다. 고삐로 시작하여 채찍으로 끝맺음을 해야 한다는 것입니다.

끝으로 다소 문맥을 벗어나서 이상적인 문제에 대하여 여쭈어 보고 싶습니다. 예의범절은 안정되고 격조 높은 사회생활을 위한 규범으로, 개인의 자연스럽고 자유로운 삶과는 배치되는 측면도 없지 않을 것 같습니다.
그러나 유자는 예를 강조한 나머지 이것이 개인의 삶에 미치는 영향에 대해서는 간과하고 있는 것처럼 보입니다. 규범과 자유의 관계에 대해서 알고 싶습니다.

개인의 삶보다 예의를 중시한 것은 비단 유자만이 아니라 당대 모든 선비들이 다 마찬가지였을 것입니다. 이것이 그 시대의 정신적 분위기였으니 당연한 것이었다 할 수 있겠지요. 그러나 오늘의 관점에서는 지나치게 윤리 도덕에 집착하는 것은 선악의 이분법에 기초하고 있다는 점에서 그 가치는 제한적이라 생각됩니다. 삶은 다원적인 것이라서 예절로만 한정할 수 없는 다양성과 깊이를 지닙니다.

한 어머니가 아들이 파티에 갈 채비를 해주는 중이었습니다. 그녀는 아들의 머리를 다 빗기고 셔츠 칼라를 바로 잡아준 다음 말했습니다. "자 이제 다 됐구나. 재미있게 지내고 행동거지를 바르게 하여라." 아들이 말하였습니다. "아이 참, 엄마, 제발 제가 집에서 나가기 전에 둘 중 어느 한 쪽을 하라는 것인지 결정해주세요."

어머니가 말한 재미있게 지내고 바르게 행동하라는 것은 한꺼번에 가능하지 않습니다. 재미있게 지내려면 올바르게 행동할 수 없고, 올바르게 행동하려면 재미있게 지낼 수 없는 모순을 아이가 명확하게 알아차린 것입니다.

선한 삶이 반드시 풍성한 삶은 아니다. 사람은 삶의 모든 분위기 속에서 살아야 합니다. 그것들은 모두 우리의 성장에 기여할 그 무엇을 지닙니다. 도덕적 삶이 비록 품위 있고 아름답게 보일지라도 작은 규범으로 한정하지 말고 삶의 여러 측면을 탐구하는 것이 좋습니다.

선한 사람을 주인공으로 해서는 소설을 쓸 수 없다고 합니다. 선한 삶은 기껏해야 그가 선하다는 것을 증명할 뿐, 진정으로 풍성한 삶을 지니고 있지 않습니다. 그는 다원성을 지니고 있지 않기 때문에 다양한 삶을 살고 있지 않습니다.

가능한 모든 것을 허락하고 가능한 한 풍부하게 사는 것이 좋습니다. 일관된 삶의 모습을 보이려고 너무 애쓸 필요가 없습니다. 물론 사회는 일관성 있는 사람을 존경합니다. 사회는 일관성을 인격이라 부르지만 진정한 인간은 인격을 지니지 않습니다. 진정한 인간은 인격을 초월합니다. 인격은 삶을 희생할 때에만 얻어질 수 있기 때문입니다.

진실한 인간은 오직 한 가지, 내가 나의 삶을 살고 있는지, 내가 내 관점에 따라 충실히 살고 있는지에 대해서만 걱정합니다. 그것이 삶입니다. 무엇보다 나는 나에 대한 책임이 있습니다. 사람에게 가장 큰 책임은 국가나 교회, 다른 누구에 대한 것이 아닙니다.

진정한 책임은 우선 나 자신에 관한 것입니다. 이것은 사람이 각자 자기 자신의 빛을 따라 삶을 사는 것이며, 우리는 어떤 타협 없이 자기 삶의 빛이 이끄는 곳을 향해 가야 합니다. 인격을 지닌 사람은 타협합니다. 그의 인격은 사회성을 보증하기 위한 노력일 뿐입니다.

소크라테스도 그리스도도 자신의 빛에 따라 삶을 살았습니다. 그들은 세상의 틀에 맞추지 않고 자유롭게 살았습니다. 그들은 하늘을 나는 새처럼 자유로웠습니다. 이렇게 깨달은 이들의 삶은 어떤 외적 강압에 의해서가 아니라 그 자신의 내적 이해를 통해 스스로 규제될 것입니다. 의식적인 인간은 그렇게밖에 행동할 수 없기 때문입니다.

그는 결코 어떤 이익이나 동기에 따라서도 행동하지 않을 것입니다. 자신의 자발성에 따라 움직일 것이고, 거기에는 탐욕이 전혀 들어있지 않습니다. 행복은 자신의 내면이 조화로운 상태에 있을 때, 어떠한 갈등도 없을 때, 자신이 군중이 아니라 하나의 오케스트라일 때 울려 퍼지는 음악입니다.

8

**진실한 인간관계를 위한
쌍방의 도리는 무엇인가**

有子曰 信近於義 言可復也 恭近於禮 遠恥辱也 因不
유자왈 신근어의 언가복야 공근어예 원치욕야 인불

失其親 亦可宗也
실기친 역가종야

유자가 말하였다. "신뢰를 주는 방식이 정의로움에 가깝다면, 말로만 아름다우니 뭐니 떠들어댈 뿐 실제로는 적잖이 변질된 것들이 제 자리로 돌아올 수 있으며, 공손함이 예법에 가까우면, 치욕을 멀리 물리친다.

그러나 정의, 예법 등 높은 가치의 형식에 얽매이다보면 자칫 사이가 소원해지기 쉬운데, 그러면서도 친밀한 정을 잃지 않는다면 이보다 더 좋을 수는 없다고 할 만하다."

주해

信 신뢰 | **近於** ~에 가깝다 | **義** 정의 | **言** 언어, 부자 · 부부 · 사제 · 친구 등 인간관계를 일컫는 말들 | **可** 할 수 있다 | **復** 제 자리로 돌아오다 | **恭** 공손함 | **禮** 예법 | **遠** 멀리하다 | **恥辱** 수치와 모욕 | **因** ~을 원인으로 해서, ~을 통하여 | **不失** 잃지 않다 | **親** 친밀하다 | **宗** 최고의 가치로 간주하다.

사람은 관계 속에서 살아갑니다. 주변에 온갖 관계의 그물을 쳐놓고 겉으로는 우정이니 의리니 아름다운 관계를 내세우지만, 그 사이에는 보이지 않는 수많은 벽들이 가로놓여 있는 것이 현실입니다. 언제부터인지 부모와 자식, 선생과 학생, 이웃과 친구들 사이에도 진정한 대화가 불가능해졌습니다. 이것은 인간의 진실한 관계가 아닙니다.

  먼저 한쪽에서 커다란 사랑, 커다란 신뢰를 가지고 다른 쪽을 감싸 안아야 합니다. 그래서 이런 사랑과 신뢰가 올바른 토양 위에서 꽃필 때 그 관계는 본래의 자리로 돌아올 수 있는 첫 번째 여건이 마련되는 것입니다.

  그리고 다른 한쪽 또한 공손한 자세로 예의를 다함으로써 이들도 하등의 굴욕이나 고통을 당할 염려 없이 즐거운 삶을 누릴 수 있습니다. 그러나 이것이 지나치게 수직관계로 발전되면 삶이 너무 경직되고 형식적으로 되어 친밀한 관계가 손상될 수도 있습니다. 양편이 상호 균형을 잃지 않고 각자의 도리를 다하면서 진심으로 친밀함을 유지하여 화기애애하게 지낼 수 있다면, 이야말로 가히 최고의 인간관계라 할 만합니다.

  우리는 이 시대에 유행하고 있는 민주주의니 자유니 하는 고상한 개념의 말들에 속아서는 안 됩니다. 그런 것들은 실제로 존재하지 않습니다. 말만 그럴 듯할 뿐이지, 세계는 여전히 수세기 전과 똑같은 야만적인 마음으로 가득 차 있습니다. 단지 집들이 더 나아졌고, 도로가 더 좋아졌고, 기술이 더 발전하였을 뿐입니다. 외형만 화려하게 포장되었을 뿐 내면은 반대로 타락하고 있습니다.

  인간관계도 마찬가지입니다. 세상에는 서로 사랑해야 할 많은 관계들이 있지만 사랑은 없습니다. 그 단적인 예로 오늘날 학부모들의 극성을 보십시오. 부모의 자식에 대한 사랑은 더욱 왜곡되어 가고, 아이들은 부모의 성화에 초주검이 되어 가면서 겉으로만 부모에 순종하는 체하고 있습니다.

허식, 끝없는 허식. 그들은 무의식적으로 그렇게 합니다. 이들 사이에 사랑이 존재한다고 생각하는 것은 가장 큰 착각 중의 하나입니다. 사랑은 그들을 비켜가고 있습니다. 우리가 당면한 이런 도전에 대해서 유자는 근본적으로 생각할 바를 암시하고 있습니다.

신뢰를 주는 방식이 정의로움에 가깝다는 것은 무슨 뜻인지요?

이는 현실과 반대로 생각해 보면 이해에 도움이 될 것입니다. 요즘 사람들은 값싸게 신뢰를 얻기 위해서 허위 과장 등 수단 방법을 가리지 않는데, 이것은 신뢰를 주는 방식이 정의로움에서 멀리 벗어난 것입니다. 특히 선생, 의사 등 신뢰를 생명보다 중히 알아야 할 이들 중에도 신뢰가 땅에 떨어진 자가 적지 않은 것은 기막힌 일입니다.

요즘 교사들은 어떻게 하면 학생을 영리하게 지도해서 진학과 취업에서 좋은 실적을 올릴 수 있는지에 대해 골몰합니다. 그리고 이런 면에서 성공한 이들이 신뢰를 받는 것이 현실입니다. 그러나 이것이 과연 정의로운 방법으로 신뢰를 얻는 것인가 생각해볼 일입니다.

이는 진정으로 학생을 돕는 것이 아니라 반대로 그 성장을 해치는 것이지요. 선생에게 중요한 것은 지도방식보다 먼저 그 사람됨입니다. 정의의 차원에서는 가르침은 이차적이고 부수적인 것이며, 근본적인 것은 성숙한 인품으로 학생을 사랑하고 학생이 성장하도록 돕는 것입니다.

여기서 우리는 '존재는 행위에 우선한다.'는 말을 상기할 필요를 느낍니다. 행위는 하나하나의 조각에 불과하며, 행위를 모두 모아 놓아도 그 모음은 존재가 되지 못합니다. 행위는 과거에 속해 있기 때문이지요. 그 안에는 미래가 없습니다. 존재에는 과거뿐 아니라 미래와 현재가 담겨 있습니다. 그러나 이런 방식으로 신뢰를 쌓는 스승은 점차 사라져가고 있으며, 학생이나 학부모 또한 이런 선생의 가치를 알아줄 안목이 없습니다.

진정한 신뢰를 구축하기 위해서는 교사뿐만 아니라 학생과 학부모의 시각 또한 명료해져야 합니다. 그래야만 진정한 의미의 신뢰가 이루어집니다. 정의는 개인의 허영과 욕망을 채워주는 것 이상의 높은 수준의 것임을 이해해야 합니다.

자신의 자리에 있는 사람이 진정한 신뢰를 줄 수 있다. 우리 시대의 적지 않은 의사들이 신뢰를 상실한 것 또한 보통 심각한 문제가 아닙니다. 그 표면적 이유야 여러가지가 있을 수 있겠지만, 가장 근본적인 것으로는 의사로 점지되지 못한 이들이 억지로 의사 행세를 하고 있기 때문이라 할 수 있습니다.

만일 어떤 사람이 정말 의사의 자질을 갖고 태어났다면, 그 사람의 주위에서는 치료의 힘이 느껴지게 마련입니다. 그런데 지금 우리 사회에는 그렇지 못한 사람들이 외적인 강요나 유혹에 의해, 먹고 살기 위해, 더 나은 수입을 위해 이 길을 택하고 있습니다.

이런 사람들에게서는 의사로서의 신뢰뿐 아니라 기쁨이나 보람을 찾아볼 수 없습니다. 물론 많은 재산을 모을 수는 있을 것입니다. 이들은 의사 시늉을 하면서 살아갈 뿐, 환자의 병을 제대로 치료하지 못합니다. 약을 주고 수술을 할 수는 있을지언정 치료하는 힘을 지닐 수는 없기 때문입니다. 진실로 신뢰할 수 있는 의사는 지식이나 기술을 통하여 질병을 치료하기보다 자연의 이치에 따라 환자가 건강을 되찾을 수 있도록 돕는 자입니다.

모든 사람은 각자 타고난 재능이 있습니다. 시인은 시인으로 태어나며, 진정한 시인은 결코 만들어지는 것이 아닙니다. 이 점에서는 의사도 마찬가지이지요. 이 세상에는 많은 사람이 잘못된 자리에 놓여 있습니다. 화가의 자질을 갖고 나온 이가 성적이 좀 좋았던 이유로 의사 일을 하고 있으며, 의사로 태어난 이가 성적이 모자라 다른 일을 하고 있습니다. 그래서 세상은 혼란스럽습니다.

자신의 일자리에 있는 사람만이 건강한 존재가 될 수 있고, 진정한 신뢰를 줄 수 있습니다. 진정한 신뢰는 행위보다 존재를 통해서 획득되는 것입니다. 사람들이 자기 자신일 수 있도록 허용된다면, 참으로 지성적이고 신뢰할 수 있는 세상이 될 것입니다. 이것이 정의로운 세상입니다.

그러나 세상은 모든 것이 뒤죽박죽으로 대부분이 다른 사람의 자리에서 날뛰고 있습니다. 인간은 자기 자신의 본질에 대한 비전을 잃어버렸습니다. 사람마다 자기 본모습을 찾아낼 때 자연스럽게 신뢰할 수 있는 사람이 될 것입니다. 내가 누구인지 모른다면 항상 우연히 존재할 뿐입니다. 이들에게서 어떻게 신뢰를 기대할 수 있겠습니까.

직역하면 언어가 회복될 수 있다言可復는 것을 언어의 본래 가치가 회복될 수 있다고 푸셨는데, 이것은 구체적으로 무슨 뜻입니까?

이 구절은 여러가지로, 혹은 여러 차원에서 생각해볼 수 있습니다.

가깝게는 약속한 것을 실천할 수 있다는 뜻으로 이해할 수 있겠습니다. 모든 약속은 말로 이루어지기 때문입니다. 그러면 신근어의信近於義는 약속이 허황되지 않고 현실적이어야 한다고 해석해야 호응이 될 것 같습니다. 사실 실제로 지킬 수 없는 약속을 함부로 해놓고는 식언하는 사람들이 얼마나 많습니까.

우리는 말할 뿐만 아니라 말을 통해 움직여야 합니다. 그러나 우리는 말과 함께 움직이지 않은 채 말을 합니다. 사람들은 쉽게 사랑한다고 말하지만 실제로 그들은 자신이 무슨 말을 하고 있는지도 모릅니다. 만일 알고 있다면 '사랑'과 같이 신성한 단어를 그렇게 쉽게 말할 수 있겠습니까.

사람들은 그냥 가벼운 기분으로 말하곤 합니다. '난 내 차를 사랑해. 내 개를 사랑해.' 우리는 어떠한 것이라도 사랑할 수 있습니다. 피자나 아이스크림도 사랑한다 합니다. 그러나 그 사랑은 어디에도 뿌리를 내리고 있지 않습니다. 사랑 속에서 움직이고 있지 않습니다.

어떻게 사람이 아이스크림을 사랑할 수 있습니까. 만약 아이스크림을 사랑할 수 있다면 사랑한다고 말하는 그의 말은 믿을 수가 없습니다. 그때 그는 어떤 사람에게도 사랑한다고 말해선 안 됩니다. 어떤 사람도 아이스크림이나 피자처럼 되고 싶지 않을 것이기 때문입니다.

사람들은 무언가를 표현하기 위해서가 아니라 무언가를 숨기기 위해서 말합니다. 다른 사람에게 '너를 사랑해'라고 말할 때는 아마도 미움을 숨기고 있을 것입니다.

높은 차원의 의미 다른 각도에서, 말로만 훌륭한 사람이니 귀한 인간관계니 뭐니 떠들어댈 뿐 실제로는 적지 아니 변질된 것들이 제

자리로 돌아올 수 있다는 것으로 깊이 음미해 볼 수도 있을 것 같습니다. 앞에서도 잠시 언급했지만, 지난 날 학교 선생님이나 의사 선생님은 그 그림자도 밟지 못할 정도로 존경스럽고 고마운 이들이 아니었습니까. 그러나 이제 이들의 권위와 신뢰는 끝없이 실추되고 있고, 이들을 지칭하는 말의 향기 또한 사라지고 말았습니다.

말에도 영광의 날이 있고 치욕의 날이 있습니다. 그 한 예로, 대학이란 말은 불과 반세기 전만해도 얼마나 신선하고 고귀한 말이었습니까. 대학이라는 단어가 머금고 있던 그 고귀한 의미와 향기는 늘 우리의 심장을 뛰게 하였지요. 그러나 지금은 상아탑으로서의 최고 학부가 아니라 현실의 축소판이 되어 살벌한 취업준비 기관으로 추락하고 말았습니다.

인간관계도 그렇습니다. 모든 인간관계는 참으로 소중한 것이지요. 가령, 사제관계나 부부관계 같은 것은 얼마나 큰 전생의 인연으로 이루어지며, 우리의 한평생 얼마나 큰 영향을 미치는 것입니까.

그러나 스승의 날에는 휴교를 해야 하고, 신혼여행에서 하는 이혼에서부터 황혼 이혼에 이르기까지 날로 이혼율은 높아만 가는 오늘날 우리 사회 현상이 증명하듯, 인간성이 타락하면서 모든 크고 작은 인간관계가 붕괴되고, 따라서 인간관계를 가리키는 말 또한 날로 더욱 부정적인 뉘앙스로 굳어지게 되었습니다.

언어의 가치가 회복될 수 있다는 것은 이런 존귀한 가치를 지닌 모든 말이 제 자리로 돌아올 수 있음을, 치욕의 시간에서 다시 영광의 날로 돌아갈 수 있음을 의미하는 것으로 이해할 수도 있을 것입니다.

모성애의 왜곡과 그 회복 아름다운 말 가운데 하나로 사랑이란 것이 있지만, 지금 우리가 다른 사람과 맺고 있는 관계는 근본적으로 사랑에 대립됩니다. 한 예로 사랑 중의 사랑이랄 수 있는 모성애의 왜곡된 현실과 본래의 모습을 회복할 수 있는 방안에 대해 생각해봅니다.

어머니가 된다는 것은 위대한 책임 중의 하나입니다. 참으로 많은 여성이 어머니가 되고 싶어 하지만 누구도 어머니가 되는 방법을 알지는 못합니다. 일단 어머니와 아이의 관계가 왜곡되면 아이의 전 세계가 왜곡됩니다. 모자관계는 아이의, 세계와의 첫 대면이기 때문입니다.

다른 모든 것은 다 그 연장선상에 놓여있지요. 첫 걸음이 잘못되면 전 생애가 잘못됩니다. 어떻게 하면 여성은 그 날개를 부러뜨리지 않고 아이들이 성장하는 것을 도울 수 있을까 깊이 반성해야 할 것입니다.

여성은 어머니가 되어야 합니다. 하지만 여성인 것만으로 어머니가 될 수 있다고 생각한다면 잘못입니다. 모성은 위대한 예술입니다. 그것은 배워야 합니다. 무엇보다 아이를 소유물로 다루어서는 안 된다는 것을 배워야 합니다.

아이는 어머니를 통해서 왔으나 어머니의 것이 아닙니다. 그러므로 세상의 모든 어머니들은 아이를 사랑하되 소유하지는 말 것입니다. 아이를 소유하기 시작하면 아이의 삶은 파괴됩니다. 어머니는 아이의 인성을 파괴하고 아이를 물건으로 격하시켜 버립니다.

오로지 물건만이 소유될 수 있습니다. 집, 자동차, 이런 것만이 소유될 수 있지 인간은 결코 소유될 수 없습니다. 아이가 오기 전에 그를 단지 어머니 자신의 아이로서가 아니라 한 사람의 독립된 존재, 그 자신의 권리를 가진 인격체로서 맞아들일 준비를 해야 합니다.

이런 마음가짐으로 아이의 인격을 존중하면서 사랑하고 보호한다면 어머니가 아이에게 주는 신뢰는 정의에 근접한 것이 될 것입니다. 그러나 지금 이 세상의 모든 어머니들이 아이들에 주는 신뢰는 정의는 고사하고 그 그림자나 메아리의 근처에도 이르지 못하기 십상입니다. 아이를 자신의 소유물인 양 그를 억압하고 자신의 욕망을 아이에게 투사함으로써 아이를 신경증 환자로 만드는 데 열을 올리고 있으니 말입니다.

남녀 간 사랑의 문제 세상의 모든 인간관계는 왜곡되고 추하게 되고 말았습니다. 남녀의 관계도 추합니다. 처음에는 매우 아름답지만 일단 관계가 고착되면 갈등이 거품처럼 일어나고, 싸우기 시작합니다. 피차 수천 가지 방식으로 상대방을 파괴하려 하지요. 그들은 서로 이용하고 있으며, 그들의 관계는 상호간의 착취일 뿐입니다.

사람들은 아름다운 관계에 관해 아무리 입으로는 떠들지라도 실제 그렇게 살지는 못합니다. 진정한 관계는 오로지 순수한 가슴, 순수한 영혼, 그 가슴과 영혼의 향기를 통해서만 태어날 수 있습니다. 의무 때문에, 계산 때문에 어떤 관계가 이루어지고 유지될 때, 모든 관계는 추하게 되고 맙니다. 우리는 사랑 때문에 관계를 맺어야 합니다.

올바른 신뢰를 통해서만 모든 것이 그 본래의 자리로 돌아올 수 있다는 말은 인생의 여러 면에 두루 적용될 수 있지만, 가장 심각하게 적용해볼 수 있는 것 중 하나가 정치가 아닐까 합니다. 정치가들의 신뢰가 땅에 떨어진 상황에서 국정이 제대로 돌아갈 수 없는 것은 너무나 당연한 결과가 아닌가 합니다.

정치는 가장 중요한 것이면서 가장 잘못되어가고 있기도 합니다.

정치가 제 자리를 바로 잡기 위해서는 정치 지도자들이 유능한 인간이기 이전에 바른 인간이 될 필요가 있습니다. 그래서 사서의 하나인 '대학'의 팔조목은 치국평천하治國平天下하기 위해서는 먼저 수신修身을 해야 할 것을 강조하지요. 그럼으로써 국익을 추구하기 전에 국격國格을 바르게 세울 수 있을 것이기 때문입니다.

신근어의信近於義란 이 시대 리더십의 핵심이 되어야 할 것으로 생각됩니다. 정의란 사전에서는 '진리에 맞는 올바른 도리'라고 풀이되어 있으나, 이는 너무 형식적이고 추상적입니다. 우리는 보다 실질적으로 접근하여 각성된 사람의 행동이 정의이며, 각성되지 못한 사람의 행동이 죄악이라고 간주합니다.

이것은 행위자가 어떤 의식을 가지고 행동하느냐에 달린 것입니다. 그러므로 때로는 똑같은 행동이 정의가 될 수도 있고 죄악이 될 수도 있습니다. 겉으로 드러나는 행동은 똑같지만 그 행위의 배후에 있는 행위자는 다릅니다.

예를 들어 예수는 예루살렘의 사원에 들어가 채찍을 휘두르며 환전상들의 책상을 인정 사정 없이 엎어버리고 그들을 사원 밖으로 몰아내었습니다. 이것은 매우 폭력적으로 보이지요. 그러나 그는 폭력적이지 않았습니다. 폭력배가 똑같은 일을 한다면 이는 포악한 행위이고 큰 죄가 될 것입니다. 그러나 예수가 하면 똑 같은 행위도 정의가 됩니다.

그는 이 환전상들에게까지도 관심을 갖습니다. 그의 행위는 관심과 사랑, 각성된 의식에서 나온 것입니다. 예수는 격렬하게 행동합니다. 그래야만 사람들에게 충격을 주고 어떤 변화가 일어날 수 있는 상황이 조성되기 때문입니다. 똑같은 행동일지라도 깨어있는 사람이 행하면 그 질이 달라집니다.

정치가들이 정의를 구현하지 못하는 이유 이런 관점에서 볼 때, 현대 우리 정치에서 정의를 기대하는 것은 연목구어緣木求魚라 할 수 있습니다. 정치가들은 의식을 가지고 있지 않습니다. 그들은 자신의 문제들에서 도망치려 하고 있습니다. 그래서는 안 됩니다. 먼저 자기 자신의 문제들과 만나야 합니다. 먼저 자신의 존재를 변화시키려 노력해야 합니다. 자기 스스로 변화된 사람만이 다른 사람들의 변화를 이끌어낼 수 있기 때문입니다.

그러나 정치가의 활동은 권력을 쟁취하는 방법, 타인을 지배하는 방법만 찾고 있습니다. 그는 세상에 대고 자신이 대단한 사람이라는 걸 보여주려고 합니다. 그는 겉치레를, 위선을 선택합니다. 그는 거짓 웃음을 지으며 모든 사람을 속이려 합니다. 진정한 종교적 차원에는 관심이 없이 종교마저도 정치적으로 이용하려 합니다.

정치는 언제나 존재해 왔고 정치가도 언제나 존재해 왔습니다. 그러나 세상은 나날이 어지럽고 불행은 나날이 더 커져만 갑니다. 정치가들이 물론 좋은 의도를 가지고 있다고 하더라도 의도는 전혀 중요한 것이 아닙니다.

중요한 것은 의식인데, 깨인 의식을 가지고 있지 않은 사람들이 권력을 최고의 매력으로 숭상하면서 오늘날 정치가가 세상에서 가장 중요한 인물이 되고, 어리석은 몇 명의 정치인이 잘못된 정책을 펴기로 결정하면, 온 국민이 그 피해를 보게 되는 것은 참으로 불행한 일입니다. 인류는 불행하게도 온갖 어리석은 인간들의 영향 아래 살고 있습니다.

대통령은 철도청장과 같은 사람의 연장선에 있다. 그래서 깨달은 이들 사이에서는 무정부주의의 필요성이 제기되기도 합니다. 인류의 역사를 꿰뚫어볼 안목을 지닌 사람이면 누구나 국가에 만족할 수 없습니다. 물론 효율적인 조직화는 필요하지요.

그러나 그것은 효율적인 것 이상이 되어서는 안 됩니다. 정부 사람들에게 특전과 권력이 주어져서는 안 됩니다. 짜라투스트라는 국가에 절대 반대합니다. 그것은 효율적인 조직이 있어서는 안 된다는 것을 의미하지 않습니다.

효율적인 조직이란 철도청과 같은 것입니다. 사람들은 철도청장이 누구인지 모릅니다. 알아야 할 필요가 없지요. 우체국의 경우도 마찬가지입니다. 체신청장이 있겠지만 그가 어떤 사람인지 아무도 모릅니다. 수상과 대통령 또한 그렇게 되어야 합니다. 그들은 나라에 봉사하므로 임금을 받아 마땅합니다. 그러나 그들이 정복자인 것처럼 되어서는 안 됩니다. 국가가 그들의 소유이고, 그들이 국가의 주인인 것처럼 되어서는 안 된다는 것입니다.

현실에서 정치가들이 국민에게 주는 신뢰의 방식은 정의의 그림자 근처에도 이르지 못한 채 온갖 눈치작전과 권모술수로 대중의 비위를 맞추기에 급급할 뿐인 것이 주류를 이루고 있습니다. 이런 상황에서는 국민과 정치 지도자의 관계가 본래의 자리로 되돌아가기는커녕 갈수록 본래의 자리에서 멀어져 갈 것입니다.

'공손함이 예법에 가까우면 치욕을 멀리 할 수 있다'는 구절에 대해서 예를 들어 설명해주십시오.

이에 꼭 맞는 이야기가 하나 생각납니다. 어떤 남자가 정신과 의사를 찾았습니다. 그는 자기 사장에게 불만이 많았습니다. 사장이 무슨 말을 하면 그는 곧 화가 나고 신발을 벗어 사장을 때리고 싶은 충동을 느꼈습니다. 그러나 어떻게 사장을 때릴 수 있겠습니까. 그는 사장을 때리고 싶은 욕망을 억제하고 지냈으나, 스트레스가 쌓이면서 어느 날 갑자기 자신이 사장을 때릴 것만 같아 두려워졌습니다. 그래서 신발을 집에 두고 다녔습니다.

그러나 신발을 집에 벗어 두는 것만으로는 신발에서 자유로워지지 않았습니다. 신발을 계속해서 마음속에 떠올리고, 펜을 만지고 있을 때는 종이에 신발을 그렸고, 쉬는 시간에도 신발 모양을 그리곤 하며 신발 생각으로 꽉 차서, 언젠가 자신이 사장을 공격하게 될까봐 매우 두려웠습니다.

이 지경에 이르자 가족들은 정신과 의사에게 진찰을 받아보게 하였습니다. 의사는 사장의 사진을 집에 걸어 놓고 아침저녁으로 신발로 다섯 번씩 치도록 권했습니다. 그는 의사의 말대로 사장의 사진을 걸고 신발로 때리기 시작했습니다.

첫날, 사진을 다섯 번 신발로 친 후 출근한 그는 이상한 감정을 느꼈습니다. 사장에 대하여 전만큼 화가 나지 않았습니다. 2주일이 안 되어 그는 사장에게 매우 예의 바르게 되었습니다. 사장도 그의 변화를 알아채고, 최근에 예의 바르고 공손해졌다고 하면서, 무슨 일이 일어났는지 알고 싶어 했습니다. 그는 "그것에 대해서만은 묻지 말아 주십시오. 그렇지 않으면 모든 게 다시 뒤죽박죽이 되고 말테니까요" 라고 대답하였습니다.

이야기의 속 뜻 이 이야기의 이면에 있는 진실은 무엇일까요? 윗사람은 예의 바르게 모셔야 하며 그러기 위해서는 모든 행동이 예절에 맞아야 합니다. 경어를 사용할 때 진심으로 존경하는 마음을 가지고 그 말을 사용한다면 그 이상 좋을 수 없지만, 마음속에 사랑이나 존경의 감정은 없습니다.

처음부터 쭉 이 지겨운 사람에게 굴욕적인 대우를 받지 않기 위하여 이런 형식을 갖추는 것이 필요할 뿐입니다. 상사는 강력한 사람입니다. 함부로 대하는 것은 위험할 수 있고, 직장을 잃을지도 모릅니다. 그래서 그는 꼬리를 계속 흔들고 있습니다.

소위 인격이란 것을 지닌 사람은 타협합니다. 그의 인격은 사회성을 보증하기 위한 노력이지요. 그는 선언합니다. '나는 위험하지 않다. 나는 게임의 법칙을 지킬 것이다.' 이것이 우리가 사회를 살아가는 모습입니다. 원만한 사회생활을 위해서 우리는 누구에게나 예의에 맞게 공손할 필요가 있는 것입니다. 그렇지 못할 때 치욕적인 일을 당하기도 하고 위험에 봉착하게도 됩니다.

예의와 반항의 정신 소크라테스가 죽임을 당할 수밖에 없었던 것도 공손하지 않았기 때문이라 할 수 있습니다. 그는 아무 죄도 짓지 않았지요. 사람들에게 진리를 말하고 다닌 것도 결정적인 이유는 못되었습니다. 다시는 그런 일을 하지 않겠노라고 약속하면 죽음을 면할 수 있다는 타협을 제의받았기 때문입니다.

그가 죽임을 당한 것은 이런 타협을 거부하고, 교활한 정치인들에게 고개 숙이려 하지 않았기 때문입니다. 그는 목숨을 구하기 위해서 권력자들에게 머리를 숙이지도 않았고, 공손한 표정으로 그들의 권위에 손상이 가지 않게 예의를 표시하지도 않았기 때문에 그들은 끝내 그를 죽일 수밖에 없었던 것입니다.

이 세상에서 굴욕적인 일을 당하지 않고 위험을 피해가기 위해서는 힘 있는 사람들에게 공손하게 대하고 예의를 다하는 것이 좋습니다. 그러나 노예가 될 필요는 없습니다. 또 그들에게 반항할 필요도 없습니다. 필요한 것은 복종이나 반항이 아니고 이해입니다.

만일 복종이 이해로부터 나온 것이라면 그것은 아름답습니다. 반항이 이해로부터 나온 것이라면 반항도 아름답습니다. 반항의 정신이 없다면 참된 의미에서 살아있는 인간이 아닙니다. 그러나 그것은 반드시 이해로부터 나와야 합니다. 어떤 반작용으로부터 나와서는 안 됩니다.

끝부분에서 '친함을 잃지 않으면 또한 가히 최고라 할 만하다'고 해서 '친(親)'자를 쓴 것은 잘 납득이 가지 않습니다. 인간관계에서 보편적인 덕목인 사랑 대신 굳이 친함을 강조한 것은 무슨 이유인지요?

친하다는 말은 폭넓게 여러 가지로 쓰일 수 있으나, 적극적으로 생각해보면 거기에는 어떤 특별한 의미가 있을 법도 합니다. 누구나 홀로 있을 수 없기 때문에 다른 사람과 관계를 맺으며 살아갑니다. 그래서 친구도 필요하고 애인도 필요한 것입니다. 그러나 깊이 생각할 때, 어떤 사람이 친구를 필요로 하는 한 그는 진정한 친구가 될 수 없습니다. 그 필요성이 상대를 대상으로 만들어버리기 때문입니다.

홀로 있을 수 있는 자만이 진정한 친구가 될 수 있습니다. 그때 그것은 더 이상 필요가 아니라 그의 기쁨이지요. 그것은 그의 굶주림도 갈증도 아니며, 그가 나누고자 하는 것은 충만한 사랑이니까요. 이같은 우정이 존재할 때 그것을 우정이라 불러서는 안 됩니다. 그것은 전혀 새로운 차원에 들어서 있기 때문입니다.

우리는 그것을 친함으로 이해하고자 합니다. 그것은 관계를 초월합니다. 모든 관계는 어떠한 의미에서건 속박이기 때문입니다. 관계는 자신을 노예로 만들고 타인을 예속시킵니다. 그러나 친함은 아무런 조건도 기대도 없이, 대가에 대한 바람이나 감사도 없이 그저 나누어 갖는다는 것에 대한 기쁨입니다. 이렇게 지극한 정도에 이른 인간관계의 가치는 가히 최고라고 인정할 수 있지 않을까 싶습니다.

친밀함을 잃지 않는 일은 특히 가까운 사이에서 유념해야 하지 않을까 생각됩니다. 가령 평생 한 집에서 지내는 부부 사이에도 친함을 잃게 되는 것이 다반사입니다. 이들이 친함을 잃지 않을 수 있는 특별한 방도는 없을까요?

부부 사이에는 미세한 과실도 서로 잘 알기 때문에 꾸짖기가 쉽습니다. 그러니 조용히 경계해야 하고 큰 소리와 사나운 얼굴로써 서로 나무라고 원망해서는 안 됩니다. 부부간에는 늘 상냥하고 부드럽게 대할 필요가 있습니다. 사랑에는 그 안에 증오의 측면이 있기 때문입니다.

상냥하고 부드럽게 대하는 것이 무엇인지 이해하지 못한다면 사랑이 증오를 가져올 가능성이 있습니다. 사람들은 자기가 사랑하는 사람을 증오합니다. 그 증오가 사랑을 다 파괴시켜버립니다.

그러므로 화가 난 상태에서는 즉시 대꾸하지 말고 최소한 하루는 기다려 보십시오. 그러면 살아가면서 분노 때문에 문제를 일으키지는 않을 것입니다. 최소한 24시간만 기다리면 지나간 모든 것이 다 어리석게 보일 것입니다.

화를 잘 내는 것은 병든 상태에서 신음하는 것이다. 화를 내는 사람은 자신의 화로 고통을 받고 있으며, 그 사람은 병든 상태이기 때문에 그 화는 그 사람의 신음 소리입니다. 열병을 앓는 사람 앞에서 같이 열을 내면서 왜 그렇게 몸이 뜨거우냐고 묻지는 않을 것입니다. 대신에 열병에서 빠져 나오도록 그의 시중을 들면서 도우려 할 것입니다. 화를 내는 사람은 육신의 열병보다 더 위험한 정신적인 열병을 앓고 있는 것입니다.

진정한 아내라면 남편이 화를 낸다 할지라도 결코 같이 화를 내지 않습니다. 오히려 깊은 연민을 느끼면서 그 상태에서 남편을 구하려고 노력할 것입니다. 사람들은 저마다 짊어지고 다니는 어떤 슬픔이 있습니다. 사람은 모두들 누군가의 도움을 필요로 하고 있다는 것을 잊지 말아야 합니다.

심각함은 독이다. 부부 간에는 농담 또한 심각하게 받아들여서는 안 됩니다. 사실 어느 것도 심각하게 받아들여서는 안 됩니다. 사태를 심각하게 받아들이기 시작하면 요점을 놓치고 맙니다. 이해란 느슨하고 심각하지 않고 즐거운 태도일 때에만 가능합니다.

심각해졌을 때 우리는 닫힙니다. 유희적으로 즐겁게 살 때 우리의 내부에서는 많은 것들이 야기됩니다. 그것은 유희성이 곧 창조성이기 때문입니다. 그러나 우리의 생각들은 심각함 속에 머물러 있기 쉽지요. 부부 사이에서 심각함은 독이고 유희성은 약입니다.

9

건강하고 바르게 사는 길은 무엇인가

子曰 君子 食無求飽 居無求安 敏於事而愼於言 就有
자왈 군자 식무구포 거무구안 민어사이신어언 취유

道而正焉 可謂好學也已
도이정언 가위호학야이

공자가 말하였다. "군자는 먹음에 배부름을 구하지 아니하고, 거처함에 편안함을 구하지 아니하며, 일에는 민첩하고 말은 삼가며, 도의 깨달음이 있는 스승에게 나아가 자신을 바르게 한다. 이만하면 참으로 배움을 좋아한다고 이를 만하다."

주해 ————————————————————

求飽 배불리 먹기를 추구하다 | **求安** 몸이 편안하기를 추구하다 | **敏於事** 일을 미루지 않고 민첩하게 처리하다 | **愼於言** 말할 때 신중히 생각해서 하고, 실천할 수 없는 일에 대해서 말만 앞세우지 아니하다. | **就** ~를 찾아가다 | **有道** 도가 있다는 말로, 도를 깨달은 이를 가리킨다. 이는 추상적 속성만으로 그 속성을 지닌 사람이나 사물을 나타내는 표현법이다. | **正** 바로잡다 | **焉** 허사, 자신을 가리키는 대명사로 보기도 한다. | **可謂** 일컬을 만하다 | **好學** 배우기를 좋아하다 | **也已** 두 글자가 모두 허사이며, 허사가 연속적으로 쓰인 것은 감개가 깃들어 있음을 나타내기 위한 것이다.

군자는 몸이 시장기를 느낄 때만 음식을 먹고, 몸이 요구하는 만큼만 먹습니다. 그는 마음의 말은 결코 듣지 않기 때문입니다. 그는 음식을 먹으면서 온몸으로 맛을 느끼고 만족해합니다. 그러면 과식을 할 필요가 없을 뿐 아니라 과식을 할 수 없게 됩니다.

그러나 혀로만 맛을 아는 많은 사람들은 혀의 유혹에 넘어가기 쉽습니다. 혀는 말합니다. '계속 먹어라. 이 음식은 매우 맛있다' 혀는 오래 전에 마음의 노예가 되어 몸에 대해선 생각하지 않습니다.

군자는 또한 호화스런 주택을 피하여 검소하게 지냅니다. 이런 삶은 불편할 수 있지만, 그 대신 도전 정신을 심어줍니다. 삶이 너무 편안해 의식이 깨어 있을 필요가 없을 정도라면 그것은 진정으로 살아 있는 것이 아닙니다. 편하게 사는 만큼 몸은 허약해지게 마련이고 정신은 해이해질 것입니다. 현명한 사람은 문제에 맞서면서 늘 의식이 깨어있고 도전을 통해 성장합니다.

군자가 일을 민첩하게 한다는 것은 우리가 부지런히 일하는 것과는 차원이 다른 것입니다. 과거는 더 이상 존재하지 않으며 미래 역시 아직 존재하지 않으며, 오직 현재만이 매 순간 흘러가고 있습니다. 그래서 현명한 이는 순간순간 도를 따라 흘러가면서 살 수 있는 어떠한 기회도 놓치지 않음으로써, 필요한 일들은 다 제 때 자연스럽게 이루어지는 것입니다.

이들이 신중하게 말한다는 것은 경험에 깊게 뿌리박고 있지 않은 것에 대해서는 말하지 않는다는 것입니다. 그가 무슨 말을 하든, 그것을 말할 뿐만 아니라 그것을 통해 움직여야 한다고 믿기 때문입니다. 말의 내용은 자신의 경험이어야 합니다.

성경이나 불경은 무언가를 말합니다. 그러나 자신이 그것을 삶을 통해 알고 있지 못하다면 그런 것은 소용이 없습니다. 오직 자신의 경험만이 권위가 될 수 있습니다. 자신이 알고 있다면 그것들이 자신의 앎의 증거가 될 수 있습니다. 그것이 옳은 것은 그것이 자신의 경험이기 때문이며, 이들은 그것을 뒷받침해줄 뿐입니다.

그러나 공자는 여기서 만족하지 말고 한 걸음 더 나아가라고 말합니다. 우리의 진정한 삶은 현재 이 세상에서 보내고 있는 피상적이고 육체적인 삶뿐만 아니라, 그것과 함께 내적인 삶 곧 정신적인 삶이 있다는 것을 일깨워줍니다.

그래서 이렇게 일상생활에서 바르게 사는 데 만족하지 않고, 정신적 스승을 통해 내면의 깨달음을 추구한다면, 이야말로 참으로 배우는 자세로 사는 것이라 할 만합니다.

포식하지 않는다는 것은 특히 현대인들이 명심해야 할 말인 것 같습니다. 지금 비만이나 과체중이 우리 사회의 심각한 문제니까요.

욕심이 많을수록 몸을 혹사하기 쉬운데, 이는 아주 어리석은 짓입니다. 육체는 노예도 아니며 주인도 아닙니다. 육체는 우리의 친구입니다. 그러므로 육체와 친하게 지내야 합니다. 그러나 많은 사람들이 육체를 친구로 대접하지 않고 반대로 괴롭힙니다.

계속 과식하는 자, 또 지나치게 금식하는 자, 모두 똑같은 함정에 빠져 있습니다. 그들은 모두 귀머거리들이지요. 그들은 육체가 하는 말에 귀를 기울이지 않습니다. 육체는 몹시 민감하고 아름다우며 훌륭합니다. 육체에 귀를 기울여 그가 말하는 것을 들을 수 있어야 합니다. 육체가 무슨 말을 하면 거기에 따르는 것이 좋습니다.

육체는 그 나름의 지혜를 가지고 있습니다. 결코 그 지혜를 방해해서는 안 됩니다. 육체를 무시하고 마음의 요구대로 움직이는 것은 의식적인 행위가 못 됩니다. 무슨 행위를 하든지 의식을 가지고 하는 것이 중요합니다. 의식을 가진 채 먹으면 우리는 결코 필요 이상으로 많이 먹지도 적게 먹지도 않을 것입니다.

몸이 하는 말을 들을 수 있도록 깨어 있어야 한다. 의식을 가지고 있다는 것은 정신이 환히 깨어 있음을 의미합니다. 만약 우리가 각성 속에서 먹는다면 우리는 육체가 필요로 하는 것 이상 먹을 수 없습니다. 사람들은 다이어트로 체중을 빼려고 하지요. 그러나 다이어트로는 안 됩니다. 하루 이틀은 할 수 있을지 모르지만 계속하지는 못합니다. 그보다는 각성 속에서 식사를 하는 것이 바람직합니다.

만약 우리가 각성 속에서 먹는다면 우리는 더 많이 씹을 것입니다. 무의식적으로, 기계적인 습관으로 먹을 때는 단지 위장 안으로 음식을 집어넣을 뿐, 우리는 별로 씹지 않습니다. 단지 채워 넣을 뿐입니다. 그때는 아무런 즐거움도 없습니다. 거기에 즐거움이 없기 때문에 즐겁기 위해서 더 많은 음식을 필요로 합니다. 맛을 느끼지 못하기 때문에 더 많은 음식을 집어넣게 됩니다.

문제는 깨어 있어야 한다는 것입니다. 깨어 있다면 더 많이 씹을 것이고, 더 깊은 맛과 먹는 즐거움을 느낄 것입니다. 그러자면 시간이 더 많이 걸릴 것이지만, 훨씬 더 충족감을 맛보고 훨씬 더 즐거울 것입니다. 몸이 즐거우면 그것은 식사를 그만해야 할 때를 알려주는 것입니다.

몸이 전혀 즐겁지 않을 때는 언제 멈추어야 할지 결코 말해 주지 않습니다. 그래서 계속 먹게 됩니다. 마침내 감각은 갈수록 무뎌지고, 우리는 몸이 말하는 것을 제대로 듣지 못합니다. 그때 우리는 거기 존재하지 않고 먹기만 합니다. 그것이 문제를 일으킵니다.

만약 우리가 거기에 존재한다면 모든 과정이 천천히 순리대로 풀릴 것입니다. 그때 몸은 스스로 말할 것입니다. '그만 먹어!' 몸이 그렇게 말할 때, 그때가 적절한 순간입니다. 우리가 그 소리를 알아들으면 몸의 명령을 그냥 지나칠 수 없습니다. 우리는 멈출 것입니다.

우리는 몸이 말을 하도록 허용해야 합니다. 몸은 매 순간 무엇이든 말을 하고 있지요. 그러나 우리는 의식적으로 있지 않기 때문에 들을 수가 없습니다. 깨어 있을 때만 그것을 들을 수 있습니다.

어떤 원칙보다는 각성이 중요하다. 진실로 의식적인 사람은 균형 잡힌 사람입니다. 무엇을 하건 항상 중도에 있습니다. 모든 극단은 긴장과 불안을 만들어내기 때문에 그는 절대 극단으로 가지 않습니다. 과식을 하면 몸에 부담이 생기므로 불안해집니다. 충분히 먹지 못하면 몸이 굶주리므로 불안해집니다. 의식적인 사람은 어디에서 멈춰야 할지를 아는 사람입니다.

이것은 어떤 교육이나 훈련에 의해서가 아니라 각성에서 나와야 합니다. 어떤 지침이 우리에게 먹어야 할 양을 제시하는 것은 위험합니다. 그것은 평균치에 지나지 않을 것이기 때문입니다. 누구는 몹시 말랐고 누구는 매우 살쪘습니다. 어떤 사람은 교수이고 어떤 사람은 노동자입니다. 이들에게는 다른 양의 음식과 다른 종류의 음식이 필요할 것입니다.

고정불변의 원칙은 위험합니다. 어떤 규칙도 보편적인 규칙이 될 수 없지요. 버나드 쇼는 '유일한 황금률이 있는데 그것은 황금률이 없다는 것'이라고 말했습니다. 모든 개인은 너무나 독특해서 어떤 획일적인 처방도 내릴 수 없기 때문입니다. 심지어는 한 개인에 있어서도 때에 따라 다를 수 있지요.

오늘은 음식이 더 필요하고 내일은 많은 양이 필요 없을 수도 있습니다. 우리의 하루하루도 다른 날과는 다릅니다. 오직 깨어 있어서 몸이 말하는 소리를 들을 수 있어야 한다는 것입니다. 한번 고정된 룰이 주어지면, 우리는 각성을 잃고 고정된 룰을 따르기 시작합니다. 고정된 룰이 문제가 아닙니다. 우리는 룰을 따를 수는 있지만 조금도 성장하지 못할 것입니다.

중요한 것은 우리가 완전한 각성 속에서 먹는 것입니다. 그러면 결코 지나치게 먹거나 부족하게 먹지 않을 것입니다. 자연은 우리가 균형 속에 있기를, 부족하지도 과하지도 않기를 바라거든요. 의식적인 사람은 균형 잡힌 사람입니다. 무엇을 하건 항상 중도에 있지요. 의식적인 사람은 결코 균형을 잃거나 중도를 벗어나지 않습니다.

그러나 대부분의 사람은 다 무의식적인 삶을 살고 있습니다. 그들은 무의식적으로 과식합니다. 무의식적이기 때문에 매사 욕심을 부립니다. 자신이 무엇을 하고 있는지 모릅니다. 음식은 필요하지만 음식이 목적은 아닙니다.

음식은 존재하기 위해서 필요한 것이나 많은 사람들이 단지 먹고 또 먹기 위해서 존재합니다. 계속해서 음식에 사로잡혀 있습니다. 음식에 잘못된 것은 없지만 항상 강박관념이 문제입니다. 무엇에 사로잡혀 있는가는 문제가 아닙니다. 사로잡혀 있음이 문제입니다.

공자가 강조하는 것은 식사 조절이 아니라 각성입니다. 룰은 이렇습니다. 만약 음식을 즐기지 못한다면 그것을 보충하기 위해서 더 먹어야 합니다. 만약 즐긴다면 덜 먹을 것입니다. 보충할 필요가 없기 때문입니다. 천천히 먹고 한 입 한 입 맛을 느끼면서 잘 씹어 먹는다면 그 과정에서 완전히 흡수될 것입니다.

각성하는 길 그러면 어떻게 우리의 각성을 기를 수 있을까요? 먼저 깨어 있는 기회를 놓치지 말아야 합니다. 길을 걸을 때도 깨어서 발걸음을 옮기고, 일할 때도 깬 상태에서 손을 움직입니다. 그때 우리는 내면에서 침묵을 느낄 것이며 축복을 맛볼 것입니다.

먹을 때도 깨어 있음 속에서 먹습니다. 그러나 대부분의 사람들은 무의식 속에서 살지요. 사람들이 너무 많이 먹는 이유가 바로 거기에 있습니다. 그들의 입맛이 만족하지 못하기 때문입니다. 만약 우리가 깨어 있음 속에서 먹는다면, 그때 우리는 허겁지겁 먹지 않을 것입니다. 그 음식을 음미할 것입니다.

과학자들은 식사를 할 때 40번에서 80번 가량 씹지 않으면 소화기관에 불필요한 부담을 주게 된다고 말합니다. 소화기관에는 이빨이 없지요. 잘 씹지 않으면 그것은 위장에 큰 부담을 주게 됩니다. 식사할 때마다 한번에 40번씩 씹어 보십시오. 횟수를 세기 위해서도 깨어 있어야 할 것입니다. 기계적으로 씹고 기계적으로 삼키는 것은 무의식적인 행위입니다.

깨어 있음을 기른다는 것은 모든 일을 자각의 기회로 삼는 것을 말합니다. 비를 맞을 때 우리는 여러가지 생각을 합니다. 그러지 말고 비를 맞을 때는 그 순간의 시원함과 선선함을 맛보아야 합니다. 이렇게 의식을 기르는 것은 24시간 계속할 수 있습니다. 그것은 아무리 해도 지나치지 않습니다. 오히려 하면 할수록 힘이 나고 상쾌해집니다.

우리는 잠자면서 행동하는 습관을 버려야 합니다. 걸을 때도 깨어 있고, 밥을 먹을 때도 깨어 있어야 합니다. 그러기 위해서는 먹는 동안 다른 어떤 것도 해서는 안 됩니다. 밥을 씹을 때마다 깊은 각성을 유지하고, 음식을 주의해서 씹습니다. 생각이 세상 이곳저곳으로 돌아다니게 하지 말고 지금 여기에만 있게 해야 합니다. 마음은 항상 어딘가 다른 곳을 헤매고 다니려고 합니다. 여기에 존재한다면, 마음은 더 이상 필요치 않기 때문입니다.

거처함에 편안함을 구하지 아니한다는 말은 현대인으로서는 이해하기 어렵습니다. 요즘 모든 사람은 쾌적하고 편안한 삶을 원하고 있으며, 주거 환경도 갈수록 편리하고 안전하게 되어가는 추세가 아닙니까?

이 구절은 오해하기 쉬우므로 정확히 이해하도록 노력해야 합니다. 문명의 편리함에 길든 현대인이 이를 오해하는 것은 어쩌면 당연한 일일지도 모르겠습니다. 우리는 문명생활을 통해서 자신이 얼마나 허약해지고 왜곡되었는지 알지 못합니다. 이 말의 깊은 뜻을 이해하기 위해서는 시대적 편견을 버리고 투명한 시각으로 직시할 수 있어야 합니다.

우리는 새를 잡아 아름다운 황금 새장에 넣을 수 있습니다. 이때 그것은 창공을 자유롭게 날던 그 새처럼 보입니다. 아니 오히려 더 편리하고 안전하게 살 수 있을 것이라 생각되기도 합니다. 그러나 그렇지 않지요. 우리는 그 새의 자연스러움을 죽여버린 것이니까요. 그 날개를 못 쓰게 만들어버렸고, 그의 하늘을 빼앗아버렸어요.

사실 새들은 황금엔 관심도 없습니다. 새장이 아무리 값진 것이라 할지라도 그것은 감옥에 지나지 않습니다. 우리의 삶은 본질적으로 창공을 자유롭게 나는 새와 같습니다. 날아다니는 새와 새장 속에 있는 새는 전혀 다른 존재입니다. 자유로운 존재만이 행복을 느낍니다.

지나치게 편리하고 완벽하게 외부와 차단된 현대식 아파트는 육체를 보호해 주는 대신 영혼을 파괴합니다. 우리는 영혼도 보호해야 합니다. 영혼은 훨씬 더 본질적이고 중요하기 때문입니다.

지나치게 편의와 안전을 도모하면 무기력해진다. 우리는 편안함과 타인의 공격으로부터 자신을 지키기 위해 수단 방법을 가리지 않습니다. 편안하고 안전한 것만 신경을 쓰다 보면 자신의 모든 문들을 닫아버리고 있는 사실을 잊기 쉽습니다.

이제 자신을 보호하는 것이 완벽해졌을 수도 있겠지만 거기에서 얻은 편안함과 안전은 무덤 바로 그것입니다. 무덤은 마지막 남은 문마저 닫아버린 곳입니다. 우리는 이렇게 죽어가고 있습니다.

보호받는 것은 무엇이든지 약해지기 마련입니다. 더 많이 보호받을수록 더욱 더 약해집니다. 자신을 지나치게 보호하면 할수록 그만큼 우리는 더 죽음에 가까이 다가갑니다. 너무나 많은 편의와 안전 조치를 취하기 때문에 삶은 무기력해집니다. 생생하게 살아있고 싶으면, 다소 편의와 방비에 허술한 데가 남아있을 필요가 있습니다. 그래서 구도자는 가능한 한 편의와 보호로부터 벗어난 상태로 살려 합니다.

물론 이런 상태로 살면 불편하고 불안함을 느끼게 될 것입니다. 그러나 생각해 보십시오. 돌은 안전하지만 꽃은 위험 속에서 삽니다. 돌은 죽어 있지만 꽃은 생명력이 넘쳐흐릅니다. 폭풍이 몰아치면, 꽃은 그 잎이 떨어지겠지만 돌은 꿈쩍도 하지 않습니다.

땅거미가 내려앉으면 꽃은 시들겠지만, 돌은 황혼의 아름다움에 대해 아무런 반응도 없습니다. 이런 식으로 안전하다는 이유 하나만으로 돌멩이가 되고 싶습니까, 꽃이 되고 싶습니까? 우리가 선택한 상황은 바로 돌멩이의 상황에 다름 아닙니다.

삶은 자연스럽게 꽃필 때 아름답습니다. 삶이 외부와 차단된 채 온실에서 자랄 때 엉터리가 되고 말지요. 그러한 삶은 결코 진실한 것이 아니며, 진실하게 살고자 하는 자를 만족시킬 수 없습니다. 삶의 꽃이 참된 것이 되기 위해서는 태풍, 번개, 천둥, 구름, 햇볕, 바람, 이모든 것이 필요합니다.

그 꽃이 참 꽃다운 꽃이 되기 위해서는 이 모든 도전이 요구됩니다. 그 꽃을 이 모든 도전들로부터 너무 지나치게 보호할 때, 그 꽃은 그 실존을 잃고 창백해지며 빈혈증에 걸려서 죽음이 다가오기 전에 미리 죽고 맙니다.

성장은 불안전함을 통해 이루어지기 때문에 깨달은 이들은 불안전함을 적극적으로 지지합니다. 우리가 안전할 때 우리는 스스로 자신의 무덤 속에 안주해 있는 것과 다름없습니다.

불안전함 속에서 깬 상태로 사는 것이 건강한 삶이다. 헛된 안도감은 우리를 우둔하게 만듭니다. 깨어있지 못하게 만듭니다. 원래 있는 그대로의 불안을 유지하는 것은 우리를 항상 깨어 있게 합니다. 우리는 항상 깨어 있어야 하기 때문에 결코 잠들 수 없으며 항상 의식하고 있어야 합니다.

그렇게 되면 우리의 인생은 보다 깊은 의미를 갖고 보다 자연스러워질 것이고, 이것이 바로 도의 삶을 영위한다는 것의 의미입니다. 인생을 불안전함 속에서 깬 상태로 사는 것이 도의 삶입니다.

생활에 꼭 필요한 것들은 그리 많지 않습니다. 하지만 욕망에는 끝이 없습니다. 옛날 구도자들은 하루 세 끼 밥에 잠잘 지붕이 있으면 족하게 생각했지요. 오늘날은 이는 좀 심한 듯하고 기본적인 생활필수품들을 갖추고는 살아야 하겠지만 인간의 욕망에는 끝이 없습니다.

잠잘 지붕이 마련됐으면 이제는 더 큰 집이 필요하고 나아가서는 궁전이 필요합니다. 설령 궁전을 소유하게 됐다 치더라도 마음은 더 큰 궁전을 원하지요. 그러나 건물이 크면 클수록 인간은 작아집니다. 붓다는 집이 인간의 욕망과 얽매임을 상징하는 것이라며, 모든 것을 버리고 구도의 길을 떠났습니다.

에스키모족에게는 오래된 전통이 전해지고 있습니다. 새해 첫날이 되면 온 가족이 모여서 집 안에 꼭 필요한 물건과 불필요한 물건을 분류합니다. 꼭 필요한 물건만 남겨두고는 그 나머지는 모두 사람들에게 선물로 줍니다.

그래서 에스키모족의 집이 세상에서 가장 깨끗합니다. 그들의 집은 단출하기 이를 데 없어 쓰레기도 없고 쌓아둔 물건도 없습니다. 그들의 집은 작지만 공간은 아주 넓습니다. 오직 꼭 필요한 물건만 있기 때문이지요.

이들은 참으로 현명합니다. 현명한 사람일수록 적은 양의 재물을 갖고 매우 단순하면서도 아주 만족한 삶을 살 수 있습니다. 돌아보면 우리 가재도구 중의 상당수는 별로 혹은 전혀 쓸모없는 것일 듯합니다. 이들은 단지 귀한 공간을 차지하고 그 관리를 위해 우리를 피곤하게 만들 뿐입니다. 불필요한 욕망들로 인해 우리는 평생을 낭비합니다.

집의 원래 개념과 왜곡된 개념　우리는 모두 집에서 삽니다. 집은 주거의 대표적 공간이라 할 수 있는데, 집의 개념은 삶의 기본적 공간에서 욕망의 화려한 공간으로 변하고 있습니다.

옛날 사람은 그리고 아직도 건강한 정신을 지니고 있는 사람은 집이란 비를 피하고 바람을 막으며 최소한의 가재도구를 놓아두는 곳으로 간주하고, 욕심이 들끓는 사람은 가능한 한 크고 화려한 집에 고급 가구들을 갖춤으로써 부의 상징으로 자랑하고 싶어합니다. 이런 현상은 문명이 발달할수록 더욱 심해집니다.

그러나 아주 화려한 집에서 호사스럽게 산다고 해서 행복이 찾아오는 것은 아닙니다. 아마 그 반대일 가능성이 많지요. 욕심이 많을수록 더 큰 집을 바라는 마음이 끊임없이 샘솟기 때문입니다. 세상 사람들은 언제나 자기들이 바라는 걸 더 크게 만들려는 병에 걸려 있는 것 같습니다.

현재의 상태에서 만족할 줄 아는 마음이 곧 행복입니다. 행복한 상태에서는 무엇을 더 보태려고 하지 않습니다. 있는 그대로의 모든 것들을 기쁜 마음으로 바라볼 뿐입니다. 그저 내면에는 평화와 감사하는 마음이 충만합니다. 그런 순간에 내면으로부터 아름다운 음악이 흘러나옵니다.

거무구안居無求安에서 구안求安은 단순히 편안한 주거 생활을 추구한다기보다, 그 대구인 식무구포食無求飽의 구포求飽를 참고할 때 지나치게 편안함을 추구하는 것으로 이해할 수 있습니다.

오늘날 주택의 변화와 주거생활의 발전이 우리에게 미치는 역기능을 통해 이 구절의 의미는 새삼 가슴에 와 닿습니다. 우리는 마음에 드는 집 한 채를 마련하기 위해 평생 머슴처럼 살아갑니다. 그리하여 적잖은 사람들이 대궐 같은 집에 살아도 보지만, 내면의 거지 근성은 그대로 남아 있습니다.

민어사敏於事란 보통사람에겐 일을 미루지 말고 바로바로 하라는 뜻으로 이해되지만, 군자에게는 그 이상의 심오한 의미가 있지 않을까요?

어떤 사람은 편지를 받으면 그 길로 답장을 합니다. 좋은 습관입니다. 그렇지 않으면 언제 회신하게 될지 모르기 때문이지요. 모범생들은 집에 오면 먼저 숙제부터 해놓고 나서 자유롭게 즐깁니다. 놀고 나서 서둘러 숙제를 하는 학생은 교과서 뒤의 정답을 베끼고 싶은 유혹을 물리치기 어렵지요. 의사들은 우리 몸에 이상이 생기면 지체하지 말고 병원에 가보라고 합니다. 병을 키우면 그만큼 고치기 어렵기 때문입니다. 모든 면에서 필요한 일은 지체 없이 행하는 것이 삶의 지혜입니다.

외적인 일뿐만 아니라 내면적으로 하고 싶은 일에서도 마찬가지입니다. 노래를 하고 싶다면 무엇을 기다립니까. 사랑하고 싶다면 무엇 때문에 늑장을 부립니까. 지금만이 존재하는 유일한 순간입니다. 그리고 이 삶만이 유일한 삶입니다.

미래를 잊어버리고 지금 여기에서 살아 있으라고 성인들은 말합니다. 우리가 이 순간 살아 있다면, 다음 순간에는 더욱더 살아 있는 자신을 발견할 것입니다. 다음 순간은 이 순간에서부터 나오기 때문입니다.

이 순간 기도를 한다면, 우리는 응답을 받을 것입니다. 다음 순간 더 큰 기도가 기다리고 있기 때문입니다. 이 순간 기도를 하지 않는다면 우리는 기도를 할 수 있는 능력을 잃을 것입니다. 그리고 차츰 완전히 기도를 하지 못하게 될 것입니다.

그때 우리는 사람들에게 어떻게 기도하는지 묻게 될 것입니다. 어떻게 사랑하여야 하는가, 어떻게 기도하는가, 어떻게 살아야 하는가, 이들은 어리석은 질문입니다. 이런 질문은 우리의 내면이 빈곤함을 보여줄 따름입니다.

사람들은 모든 것을 뒤로 미루어 왔습니다. 그리고는 차츰차츰 잊어버리게 되었습니다. 아이들도 다 기도하는 법을 압니다. 모든 아이들이 다 사랑하고 춤추고 삶을 사는 방법을 압니다. 아이들은 모든 것을 다 갖추고 나옵니다. 해야 할 것은 살기 시작하는 것뿐입니다.

사람들은 항상 너무 늦거나 일러서 올바른 순간에 있지 못한다. 우리는 알맞은 때에 살고 있습니까? 혹시 우리는 끊임없이 기차를 놓치고 있는 것은 아닙니까? 우리는 항상 기차가 떠난 뒤에 플랫폼에 들어서서 떠나는 기차의 꽁무니를 바라볼 뿐입니다. 우리는 항상 너무 늦거나 너무 이릅니다.

올바른 순간에 정확히 있지 못합니다. 마음이 과거나 미래에 가 있기 때문입니다. 과거의 기억 속에 사는 사람들은 항상 너무 늦고, 늦는 것이 그들의 관행이 되었습니다. 그들은 현재에 살지 못하기 때문입니다. 올바른 때에 존재한다는 것은 현재에 존재함을 의미합니다.

한편 미래 안에서 사는 사람들도 있습니다. 그들은 항상 내일을 계획합니다. 그들은 항상 시간을 앞질러 갑니다. 그들은 이미 적당한 때를 놓칩니다. 과거나 미래에 존재하는 이러한 상태는 너무나 무의식적으로 이루어집니다. 그래서 거의 모든 사람은 과거 지향과 미래 지향이라는 두 가지 범주로 나누어질 수 있습니다.

지금 여기에 존재하는 인물을 발견하기란 매우 어려운 일입니다. 과거나 미래에 방해받지 않고 매 순간 지금 여기에 사는 사람, 아무 노력 없이 지금 바로 이 순간에 사는 사람만이 진실로 살아있는 것입니다. 이 순간은 매우 작습니다. 그러므로 조금이라도 인위적인 노력이 개입되면, 우리는 이미 이 순간 속에 있지 않습니다.

릴렉스되어 있지 않으면 우리는 지금 안에서 살 수 없지요. 릴렉스된 삶을 살 때, 삶은 매 순간 넘칠 만큼 풍요로워집니다. 우리는 매 순간 사랑과 지성, 존재와 더불어 여기에 존재합니다. 이 작은 순간은 우리의 사랑과 지성, 우리의 존재로 흘러넘칩니다. 그 순간은 엄청난 충족감으로 채워집니다.

현재의 가치 우리는 항상 단 한 순간밖에 가질 수 없습니다. 두 순간, 세 순간을 가질 수 없습니다. 만일 한 순간만이라도 전체적으로 살 수 있다면, 우리는 삶의 모든 비밀을 알게 될 것입니다. 왜냐하면 삶은 그 순간들이 모여서 된 것이며, 우리는 그 순간을 어떻게 사는지 알기 때문입니다. 이런 삶만이 참다운 삶입니다.

그러나 사람들은 자신이 가질 수 있는 유일한 삶인 현재를 놓치고, 과거, 미래, 기억, 꿈 등 모든 곳을 헤매고 다닙니다. 우리는 과거를 살 수 없습니다. 과거는 더 이상 존재하지 않습니다. 우리는 미래를 살 수 없습니다. 미래는 아직 존재하지 않습니다.

유일하게 가능한 삶은 현재밖에 없습니다. 사실, 과거와 현재, 미래는 우리 마음속의 구분일 뿐입니다. 시간은 단 하나의 시제만을 아는데, 그것은 바로 현재입니다. 그리고 시간이 아는 단 하나의 장소는 여기입니다.

마음은 나누어진 조각들입니다. 우리는 마음으로부터 벗어나서 삶을 살기 시작해야 합니다. 마음은 단지 생각할 뿐이며 삶을 살지 않습니다. 그것은 아름다운 것들을 생각하지만, 그들은 단지 생각일 뿐입니다. 우리가 살고자 한다면 마음으로부터 벗어나야 합니다. 이 순간을 살고자 한다면 마음으로부터 벗어나야 합니다.

마음은 결코 이 순간 속에서 살지 못하고, 항상 삶을 앞서서 달려가거나 뒤에서 꾸물거리며 이 순간을 놓치고 맙니다. 항상 기차를 놓치고 있습니다. 마음은 생각할 시간을 필요로 할 것이며, 시간은 우리를 위해서 멈추지 않고 계속해서 우리의 손에서 빠져 나갈 것이기 때문입니다.

깨달음은 우리가 현재 이 순간만을 받아들여 살아갈 때 실현됩니다. 다음 순간은 확실하지 않습니다. 그것은 올 수도 있고 오지 않을 수도 있습니다. 마음은 내일 속에 살고, 삶은 현재 속에서만 가능합니다.

지금 우리 사회에서는 말이 너무 많아서 소란하기 그지없고, 그 가치는 땅에 떨어져 제 구실을 하지 못하고 있습니다. 말을 신중히 해야 할 필요성과 과묵의 가치에 대해서 생각해보고 싶습니다.

언어는 일상생활에서 유용한 필수불가결의 수단입니다. 그러나 부질없는 오해를 피하기 위해서는 되도록 말을 삼가야 합니다. 사람들은 이해하지 못합니다. 오해를 피할 수 없습니다. 우리가 말할 때 사람들은 진정으로 듣고 있지 않기 때문입니다. 다만 듣는 척할 뿐입니다. 그들의 마음속에는 수많은 생각이 교차합니다. 그들의 몸은 여기 있으나 마음은 멀리 다른 데 가 있습니다. 그러니 어떻게 이해하겠습니까?

그들은 단어만을 들을 뿐 의미를 이해하지 못합니다. 단순히 듣기만 하는 것은 얼마든지 가능합니다. 귀에 이상이 없는 한 완벽하게 들을 수 있습니다. 그러나 단순히 듣기만 하는 것은 귀담아 듣는 것과 다릅니다. 귀담아 듣는 것은 깊이를 가지고 있습니다. 귀담아 듣는 것은 마음이 평온하여 아무런 파문도 없다는 것을 의미합니다. 그렇지 못할 때 타인의 말을 계속 자기 나름대로 해석할 것입니다.

말은 머리로 듣고, 의미는 가슴으로 듣는다. 위대한 말일수록 더욱 오해받기 쉽습니다. 성인이 오해를 받을 가능성은 얼마든지 있습니다. 그들의 말은 참으로 위험합니다. 마치 날카로운 칼과 같습니다. 조심하고 주의하지 않으면 우리는 그 칼로 자신이나 다른 사람의 목을 베고 말 것입니다. 예수, 노자, 달마 등도 오해를 받아 왔습니다.

한 예로, 노자는 '자연스럽게 행하기만 할 뿐 결과에 대해서는 걱정하지 말라'고 말했습니다. 이 말을 들은 사람들이 한 여자를 놓고 다투고 있었습니다. 그들은 서로 필사적이었지요. 그리고 그 여인은 거기에 앉아 모든 사태를 지켜보고 있었습니다. 아마도 그녀가 그 말을 더 잘 이해하고 있는 듯합니다.

단어는 머리로 들을 수 있지만 의미는 가슴에 의해서만 들을 수 있습니다. 우리는 가슴으로 듣는 법을 모릅니다. 그 말이 전하는 의미와 향기 등 비가시적인 것은 가슴의 그물에만 포착됩니다. 이런 사실을 알 때 우리는 함부로 말할 수 없고 최대한 신중할 수밖에 없습니다. 내가 어떤 자세로 말할 때 사람들이 내 말을 단어뿐만 아니라 의미를 나아가 분위기까지 이해할 수 있을까 생각해야 합니다.

약속을 지키지 못하는 이유 어떤 노인이 임종 무렵에 아들을 불러 말했습니다. "이제 내가 너에게 비밀을 말해주겠다. 항상 두 가지를 기억해두어라. 이것이 성공하는 비결이다. 첫째로 약속을 했을 때는 언제나 그것을 지켜라. 이것이 나의 기본이었고, 내가 성공한 이유이다. 그리고 두 번째는 이것이다. 결코 약속을 하지 마라."

그대는 한 사람이 아닙니다. 그대는 군중입니다. 그대는 이걸 말하면서 저걸 원하고 있습니다. 그러면서도 여전히 이에 대해 말합니다. 그대 안에선 많은 사람들이 돌아가며 등장하고, 각자가 잠시 동안 왕 노릇을 합니다. 그리고 그 순간에, 왕은 그가 시행치 못할 법령을 선포합니다. 그리고 법령을 시행할 순간이 다가왔을 때, 그는 이미 권좌에서 쫓겨난 상태입니다.

그대는 한 여자와 사랑에 빠지고, "나는 그대를 영원히 사랑할 것이오."라고 말합니다. 그러나 그때 그대는 자신에게 저항할 수 없었습니다. 그 순간에 그녀를 영원토록 사랑할 것처럼 보였지요. 그 순간에 그건 진실이었습니다.

그러나 얼마 후에 그대는 죄책감과 무능, 무기력을 느끼게 됩니다. 이제 그대는 자신이 미래의 일에 대해선 장담하지 말았어야 함을 깨닫습니다. 그 법령을 선포했던 마음의 부분은 이제 더 이상 황제가 아닙니다. 이제 다른 마음이 당도했습니다. 다른 부분이 권좌에 앉아 있으며, 이 친구는 다른 여자를 흠모합니다.

그대가 약속하는 것이 무엇이든 간에 그대는 그것을 지킬 수 없을 것입니다. 이를 이해하는 사람은 결코 약속하지 않습니다. 왜냐하면 그는 자신의 무기력함을 알기 때문입니다. 그는 말할 것입니다. '당신을 영원토록 사랑하곤 싶소만 누가 알겠소? 나는 내일 오늘의 내가 아닐 것이오.'

그는 겸손함을 느끼게 됩니다. 그는 자신만만해 하지 않습니다. 오직 바보만이 기고만장해 합니다. 이해력 있는 사람은 망설입니다. 그들은 자신 안에 군중들이 있다는 걸 알기 때문입니다.

말은 말한 사람을 나타낸다. 우리는 매일 말을 하면서 삽니다. 말을 하는 것 자체는 지극히 자연스러우며 조금도 나쁠 것이 없습니다. 말은 우리 생활에 없어서는 안 될 매우 소중한 도구이기도 합니다. 문제는 말은 말한 사람을 나타낸다는 사실입니다. 우리의 말을 통해 우리 자신이 분명하고 뚜렷하게 드러납니다.

깨달은 사람만이 침묵의 언어를 알며, 우리는 광기의 언어밖에 모르는 것은 이 때문입니다. 진실은 어떤 설명도 필요로 하지 않습니다. 그래서 깨달은 이는 침묵을 지키기를 좋아합니다. 그는 오직 그가 우리의 깨달음을 도울 수 있다고 느낄 때만 말을 합니다.

진정한 스승은 오로지 우리가 받아들일 자세가 되어 있어야만 어떤 말을 할 것입니다. 우리가 순수하다는 것을, 마음이 열려 있다는 것을 알 때, 그리고 크나큰 겸손과 감사로 받아들일 수 있을 때만 어떤 말을 할 것입니다.

진정한 추구가 있을 때 많은 말이 필요 없고, 오로지 갈증만이 남습니다. 참된 마음은 너무도 심오하여 결코 말로 표현될 수 없습니다. 말로 표현될 수 있는 것들은 지극히 사소하고 일상적이며 깊이가 없습니다.

그러나 우리는 수시로 우리의 입장과 주장을 밝힐 필요를 느낍니다. 이때 우리가 하는 말은 논리적으로 들리지만 사실은 현혹시키는 수단일 뿐입니다. 우리는 무엇을 밝히기보다 무엇인가를 숨기기 위해 말하는 것입니다. 그리고 거짓말을 할수록 더욱 많은 설명이 필요하게 됩니다.

많은 사람들이 청산유수로 말하고 웅변적으로 외치기를 좋아하지요. 아무 진실도 말하는 것이 없으면서. 아무 내용이 없을수록 말을 많이 하지 않으면 간파당하기 쉽습니다. 그래서 우회적으로 빙빙 돌면서 아무런 결론도 없는 말장난만 할뿐입니다.

지금 이 세상에는 어떤 진실성도 아무 가치도 없는 말로 넘쳐나며, 우리는 이런 말을 귀담아 듣기에 여념이 없습니다. 그것이 무엇을 의미하는지도 모르면서. 만약 이웃사람이 쓰레기들을 우리의 정원에

버리면 우리는 싸울 것입니다.

그렇지만 그가 쓰레기들을 우리의 머릿속에 버리면 우리는 두 손 들어 환영합니다. 일단 우리의 머릿속에 쓰레기들을 버리는 것이 허용되면, 우리는 그걸 가지고 어떻게 하겠습니까. 조만간에 그것은 우리의 입을 통해 다른 누군가의 머릿속으로 들어갈 것입니다.

말은 칼과 같이 유용하면서 잘못 쓰면 칼보다도 위험하다. 우리의 말이 어떤 단어들로 정확히 구성되어 있으며, 어떤 형식을 알맞게 취하고 있는가는 별로 중요하지 않습니다. 우리는 말을 통해서 이해하기보다 오해를 불러오는 경우가 더 많다는 사실을 명심할 필요가 있지요.

말은 본뜻과 달리 표현되고 받아들여지는 경우가 너무도 많습니다. 말을 액면 그대로 받아들임으로써 낭패를 보는 경우가 허다합니다. 속이는 것은 대부분 말을 통해서이지요. 싸우는 것도 말 때문인 경우가 많으며, 또한 말을 가지고 싸우는 일이 허다합니다. 말을 아는 것으로 실존을 아는 것으로 오해하기도 합니다.

말은 참으로 매우 위험한 것입니다. 말은 칼과 같이 유용하면서 그것을 잘못 쓰면 칼보다도 훨씬 더 위험합니다. 칼은 어린애들의 손이 미치지 않는 곳에 두기 마련이나, 말은 어리석은 사람도 마음껏 휘두르면서 상처를 달고 삽니다. 우리는 침묵의 언어는 기대할 수 없지만, 차선책은 되도록 말을 삼가는 것입니다.

도가 있는 곳으로 나아가 자신을 바르게 한다는 것은 정확히 어떻게 하는 것인지요? 세상에는 허울만 그럴듯할 뿐인 가짜도 많아, 바른 길로 나아가는 것이 쉽지 않을 듯합니다.

군자가 아니고 보통 사람이라면, 평소 배불리 먹지 아니하고, 안일한 삶을 마다하며, 부지런히 움직이고 말을 조심하는 등 성실하게 살면서도, 자신의 삶에 혹 부족한 것이 있을까 염려하여 스승을 찾아가서 미흡한 점을 깁고 잘못된 것을 바로잡는다면 이야말로 배우기를 좋아하는 사람이라고 할 수 있을 것이며, 이렇게 보는 것은 앞의 내용의 연장선에서 이해하는 입장입니다.

그러나 여기서는 군자에 대하여 말하고 있으므로 이에서 도약한 높은 차원에서 이해해 보고자 하는 것이 더욱 뜻이 있을 듯합니다.

높은 차원의 이해 여기서 열거한 여러 행위와 삶의 방식은 깨닫지 못한 일반 사람들에게는 훌륭한 것으로 인정되나, 이는 진정으로 높은 차원에 속하는 것은 아님에 유의할 필요가 있습니다. 깨달은 이는, 이런 삶은 단지 초보적인 것에 불과한 것으로 간주합니다. 삶의 진정한 여정에서는 아직 출발도 하지 않은 것입니다.

원대한 뜻을 품은 사람은 일반 세계에서 아무도 신경 쓰지 않는 것들을 배우기 위해 순례의 여행을 떠나려 합니다. 음악으로 비유하면, 이제 악기는 제대로 조율되고 본격적인 연주를 위해 나서야 합니다.

삶에는 여러 차원이 있으며, 구도적 차원에서는 일상의 성공적 삶에 숨어있는 함정을 경계합니다. 바로 이런 성취가 우리의 에고를 강화시키기 때문입니다. 우리가 하는 모든 행동은 행위자를 창조하고 강화합니다. 무엇을 이루려고 하는 욕망, 어떤 존재가 되겠다는 욕망이 계속됩니다.

그래서 항상 긴장할 수밖에 없으며, 결코 이완될 수 없지요. 우리가 긴장해서 무엇을 하려고 하는 한, 위대한 것들이 저절로 일어나는 일은 결코 발생하지 않습니다. 시인에게 영감이 일어나는 것은 조그만 긴장도 남아있지 않은 이완상태에서입니다.

그래서 구도적 삶에서는 모든 행위에서 초연해 이완된 상태에 있을 것이 요구됩니다. 그렇다고 나태함을 지지하고 일하러 나가지 말라는 게 아닙니다. 단지 행위자가 되지 말라는 것입니다. 물론 배고플 때는 먹어야 하고, 먹기 위해서는 일해야 하지요. 그러나 거기에 행위자가 있어서는 안 되고 배고픔 자체가 일을 하게 해야 합니다.

우리를 우물가로 데려가는 것은 목마름 자체입니다. 목마름 자체가 움직이게 하고 있는 것이지, 목마른 자는 없습니다. 높은 차원에서 이렇듯 행위자를 배격하는 이유는 자명합니다. 가령 우리가 키스를 할 때도 키스를 하거나 받는 행위자가 아니라 키스 자체가 되어야 합니다. 만약 우리가 행위자로 남아 있다면 그 사랑은 거짓이 될 것입니다.

입문을 위한 방황 행위에 대한 얘기는 이 정도로 하고, 이제 조언을 요구한 문제에 관해 생각해 봅시다. 세상에는 구도를 위한 여러 방도들이 경쟁하듯 유혹의 손길을 뻗치고 있어 혼란스럽게 느껴지기도 합니다. 그러나 크게 걱정할 일은 아닙니다.

먼저 이해해야 할 것은 올바른 문을 찾기 위해서는 많은 문을 두드려 보아야 한다는 것입니다. 깨닫기 전의 삶은 시행착오의 연속입니다. 올바른 길에 들어서려면 여기저기 방황해 보아야 합니다. 여러 길을 걸어오면서 풍요로워지고 많은 것을 배울 수 있습니다.

이런 과정을 통하여 일단 올바른 길에 들어서면 집에 당도한 것과 같은 편안함을 느낄 것이며, 그러면 우리의 여행은 끝난 것입니다. 이제는 더 이상 떠돌 필요가 없으며, 터전을 잡고 일을 시작할 수 있습니다.

이렇게 우리가 어떤 한 방도에 도달했다면, 우리 자신이 그것과 어울리는지, 또는 그것이 우리와 어울리는지 최종적으로 이해하도록 노력해야 합니다. 그리하여 만약 이것이 우리와 어울리지 않는다는 판단이 서면 얼마든지 떠나도 좋습니다. 어울리지도 않는데 여기에 머무는 것은 시간낭비일 뿐입니다.

그러나 우리가 이곳에 어울린다는 느낌이 들면 용기를 갖고 뛰어들어야 합니다. 그렇게 뛰어든 연후에 진짜 일이 시작됩니다. 그 전에는 안 됩니다. 많은 사람에게 진정한 입문은 아직 일어나지 않았습니다.

입문은 한 곳에 전념하는 것을 의미합니다. '지금까지 나는 안 가본 데 없이 방랑했다. 이제는 여기가 내가 정착할 곳이다.'하고 결심하는 것이 입문입니다. 대부분의 사람들은 아직 입문하지 못했으며, 단지 방문객일 뿐입니다. 그들은 어떤 구도의 길과도 깊은 친밀감을 이루지 못합니다.

나무에 비유함 이것은 비유하자면 나무를 뽑아서 여기저기로 옮겨 심는 것과 같습니다. 그렇게 되면 나무는 성장하지 못합니다. 나무가 성장하려면 한 곳에 뿌리내려야 합니다. 자꾸 옮겨 심으면 뿌리가 자라지 못합니다. 뿌리가 자라지 못하는데 어떻게 나무가 자랄 수 있겠습니까.

그러므로 한 곳에 우리 자신을 내맡기고 전념하는 것이 필요합니다. 자신을 맡긴다는 것은 '이곳이 내가 뿌리내릴 땅이다. 나는 이곳에 정착할 준비가 되어 있다.'는 뜻입니다. 어쩌면 이것은 위험을 동반하는 결정일 수도 있습니다. 다른 곳에 더 나은 토양이 있을지도 모르지요.

한 곳에 정착하는 것은 모험입니다. 그러나 언젠가는 그런 모험을 감행해야 합니다. 그렇지 않고 계속 더 나은 토양을 찾아다닌다면 세월만 덧없이 흘러갈 것입니다. 그리고 겨우 그런 토양을 찾았을 때쯤이면 죽음이 문턱에 와 있을 것입니다.

본격적인 구도행이 이루어져야 합니다. 여기저기 방문하여 견문을 넓히고 많은 사람들을 만나는 것은 좋은 일입니다. 그러나 그것이 습관으로 굳어져서는 안 됩니다. 그런 습관은 위험합니다. 우리가 뿌리내리도록 놔두지 않을 것입니다. 그리고 뿌리가 없다면 나무도 살아 있을 수 없습니다.

그러면 꽃이 피어나지 못하고 향기가 퍼져나가지도 못할 것이며, 우리의 삶 전체는 공허하게 끝날 것입니다. 이 점에 대해서 우리 모두 깊이 성찰해 보아야 할 것입니다.

저 앞에서는 배움의 중요성에 대해서 언급한 바가 있으며, 여기서는 배우기를 좋아하는 것에 대해서 말하고 있습니다. 이와 관련해 우리가 거울삼을 수 있는 구체적인 예가 있는지요.

옛날의 위대한 스승들이 다 배움에 정진했지만, 배우기를 좋아한 것으로 말하면 피타고라스만한 이는 없을 듯합니다. 그의 한 평생은 진정한 의미에서의 철학 곧 지혜를 사랑하는 길을 찾은 순례의 삶이었습니다. 그는 진리에 대한 사랑으로 가득한 사람이었습니다.

그러나 진리에 대해서 생각만 할 수는 없었습니다. 진리를 찾기 위해서 어떠한 어려움도 다 헤쳐 나갈 각오가 되어 있었습니다. 진리는 가장 소중한 연인입니다. 어떻게 연인을 생각만 할 수 있겠습니까. 가슴을 통해서 그 연인과 관계를 맺어야 합니다.

그것은 지식적일 수만은 없습니다. 그것은 깊이가 있어야 하며, 직관적이어야 합니다. 처음 시작할 때는 지적이어야 할지도 모릅니다. 그러나 오직 처음 시작뿐입니다. 결국에 가서는 우리 존재의 핵에 도달해야 합니다.

　그 스스로 깨달음을 얻게 되었을 때에도 피타고라스는 계속해서 새로운 스승을 만나면 입문하기를 원했습니다. 인간에게 가능한 모든 방법을 통해서 진리에 도달하려고 노력했습니다. 모든 방면에서, 모든 차원에서 진리를 알고 싶어했습니다. 그처럼 항상 새로운 스승에게 머리를 굽힌다는 것은 매우 어려운 일입니다.

　대부분 일단 깨달음을 얻게 되면 그것으로서 구도 행위는 끝이 납니다. 붓다가 깨달음을 얻었을 때 그는 다른 스승을 찾아가지 않았습니다. 노자도 그렇게 하지 않았습니다. 그러나 피타고라스는 달랐습니다.

　깨달음을 얻고 난 후에도 그는 진리의 또 다른 면을 밝혀줄 사람을 찾아 그의 제자가 될 준비가 되어 있었습니다. 그는 누구에게도 배울 준비가 되어 있었습니다. 그는 영원한 제자였습니다. 항상 그는 열려 있었던 것입니다.

　그는 진리를 찾아 그리스로부터 중국까지 구도의 길을 나섰습니다. 그 당시는 오늘과 달리 매우 험난한 길이었지요. 그것은 정말로 모험이었습니다. 그는 동양과 서양 사이에 다리를 놓았습니다. 그는 서양인으로서 서양적인 심성을 아는 정도로 깊게 동양적인 심성도 알게 되었습니다. 그가 다시 고국으로 돌아왔을 때 매우 늙어 있었지만, 그만큼 많은 보물을 모은 사람은 일찍이 없었습니다.

10

이렇게 멋진 대화는 다시 없을 것이다

子貢曰 貧而無諂 富而無驕 何如 子曰 可也 未若貧
자공왈 빈이무첨 부이무교 하여 자왈 가야 미약빈

而樂 富而好禮者也 子貢曰 詩云如切如磋 如琢如磨
이락 부이호례자야 자공왈 시운여절여차 여탁여마

其斯之謂與 子曰 賜也 始可與言詩已矣 告諸往而知
기사지위여 자왈 사야 시가여언시이의 고저왕이지

來者
래자

자공이 말했다. "가난해도 아첨하는 일이 없고, 부유해도 교만
하게 행동하는 법이 없으면 어떻습니까." 공자가 말씀하셨다.
"좋다. 그러나 이상적인 것은 못 되니, 가난하면서도 즐겁게 지
내며, 부유하면서도 예법을 좋아하는 것보다는 못하구나."
자공이 말했다. "시에 이르기를 옥석을 다룰 때는 먼저 자른
뒤에 다듬으며, 먼저 쫀 뒤에 문지른다고 했는데, 바로 이를 두
고 한 말이군요." 공자가 말씀하셨다. "사랑하는 제자야, 마침
내 너와 시를 논할 수 있게 되었구나. 한 가지를 알려주니 미루
어 그 다음 것까지 아는구나."

주해

子貢 위衞나라 사람으로 공자의 대표적인 제자 가운데 한 사람이다. 이름은
사賜이고, 자공子貢은 자字이다. | **貧而無諂** 가난하지만 아첨함이 없다 | **富**

而無驕 부유하지만 교만함이 없다 | **何如** 어떠한가 | **可** 옳다, 좋기는 좋지마는 아주 만족하지는 못하다 | **未若** ~같지는 못하다, ~만은 못하다 | **貧而樂** 가난하지만 즐거워하다 | **富而好禮** 부유하지만 예를 좋아하다 | **云** 이르다 | **如切如磋** 如切磋(먼저 자르고 다음 단계로 다듬는 것과 같다)의 강조형 | **如琢如磨** 如琢磨(먼저 쪼고 다음 단계로 문지르는 것과 같다)의 강조형 | **斯之謂** 謂斯(이를 일컫다)의 도치형으로, 斯를 강조하는 것이다 | **與** 歟(의문의 어조사)와 같다 | **賜** 친근하게 제자를 부르는 방식으로 이름을 부른 것이다 | **可與言詩** 可言은 말할 수 있다는 뜻이며, 與는 與汝(너와 더불어)에서 汝가 생략된 것이며, 言詩는 시를 말한다는 뜻으로, 이들이 결합한 것이다. | **已矣** 감탄을 나타내는 복합 어조사 | **告諸往** 告之於往에서 之於가 諸로 변한 것으로, 지나간 일에 대해서 말한다는 의미다 | **知來** 올 일을 알다

사람은 가난하면 아첨하게 되고 부자가 되면 교만하게 굴기 마련입니다. 이는 특별히 노력하지 않는 한, 모든 사람들에게 자연스럽게 일어나는 세속적인 모습입니다. 그러나 자공은 열심히 수양하여 만일 가산을 탕진하여 가난하게 될지라도 아첨하지 않을 것이며, 지금 부유한 삶을 살지만 교만하지 않기로 굳게 결심하고서, '이 정도면 어떻습니까, 이만하면 충분하지 않습니까?' 하는 자세로 당당하게 스승에게 말하였습니다.

맹자 또한 '빈천도 절개를 바꾸게 할 수 없으며 부귀도 마음을 방탕하게 할 수 없다.'고 했듯이, 이는 유학자들의 보편적 가치관이기도 합니다. 그러나 우리는 공자와 같은 성인의 삶을 통해 여기서 한 걸음 더 나아간, 참으로 훌륭한 자세를 볼 수 있습니다.

이는 보다 적극적인 자세로, 가난하게 지내도 조금도 괴로워하지 않고 부자 못지않게 즐거운 삶을 누리는 것이며, 부유하게 지내도 가난한 사람 이상으로 겸허하고 검소하며 자신이 너무 많이 가진 것을 오히려 짐스럽게 여겨 덜어내고 나누어 주는 것입니다. 나눔으로써 타인을 돕기 이전에 자신이 성장하게 되기 때문입니다.

빈부에 대한 자공과 공자의 발언은 다 보통 수준은 넘으나, 공자의 차원은 다시 자공의 수준을 넘어서고 있어서, 자공은 자칫 '뛰는 놈 위에 나는 놈 있다'는 속담처럼 자신의 은근한 자만에 민망한 마음이 들 법하기도 하나, 시의적절하게 시 한 구절을 인용하여 스승의 가르침에 화답하는 자세는 참으로 그 스승에 그 제자라 할 만합니다.

지난날 현인들은 으레 시를 빌어 자신의 뜻을 전하곤 하였으니, 이는 머리에서 머리로 말하는 것이 아니라 가슴에서 말하고 가슴으로 느끼는 방식입니다. 이런 대화 주위에는 각박한 산문적인 논쟁에서는 상상할 수도 없는 멋과 향기가 감돌지요.

이렇게 멋진 대화는 오직 사제 간에서만 꽃필 수 있습니다. 정치가들은 논쟁할 수는 있으나 진정한 대화를 나눌 수는 없습니다. 그들은 다만 충돌하며 마찰음을 낼 수 있을 뿐입니다. 요즘 대부분의 사람들은 정치가와 같은 마음으로 살아가는 것이 현실입니다. 그래서 대화는 좀처럼 보기 힘듭니다.

대화는 논쟁과는 전연 다릅니다. 대화할 때는 나와 너의 관계이며, 논쟁할 때 그 관계는 나와 그것의 관계입니다. 그때 상대방은 개조되고 그대를 따라야만 하는 하나의 사물입니다. 상대방은 '너'가 아닙니다. 상대방은 아무 중요성도 지니고 있지 않으며 단지 수단일 뿐입니다.

우정 속에서만 상대방은 중요하며 본질적인 가치를 지닌 너이지요. 사람은 결코 사물이 아니며, 삶의 영광 그 자체를 의미하며, 대화는 이런 이해에서 그대의 나가 상대방인 너에게 말할 때 가능합니다.

참으로 아름답습니다. 사제 간의 대화가 단순한 문답의 차원을 넘어서 한 폭의 그림같이 느껴지는 것은 무슨 까닭일까요?

이야말로 세상에서 스승과 제자 사이에 오간 가장 아름답고 훌륭한 대화 중 하나가 될 것입니다. 제자는 자기 수준에서 최선의 길을 제시하고, 또 스승은 자신의 수준에서 도의 보다 높은 차원을 가르쳐 줍니다. 그뿐이겠습니까. 사제 간에 계속 이어지는 대화는 점입가경입니다.

제자는 더욱 고무되어 스승의 말씀을 가슴 깊이 새기며, 그에 해당하는 시구를 들어 화답하니, 스승은 제자가 한갓 문학의 울타리에 갇히지 않고 시의 정신을 삶에 풀어 정곡을 찌르는 것을 보고 흐뭇해하는 모습이 참으로 아름답습니다. 과연 그 스승에 그 제자라 할 만하지요. 이보다 더 아름다운 사제의 어울림이 다시 있을 것 같지 않습니다.

훌륭한 사제 관계란 스승의 존재가 촉매 작용을 하여 제자로 하여금 탈바꿈하게 하는 것입니다. 그 아름다움을 잘 음미해보는 것이 좋을 것입니다.

가난한 사람이 부자 앞에서 기가 꺾이고 아첨하게 되는 것은 자연스러운 일일 듯한데, 가난하면서도 아첨하지 않고 당당할 수 있는 것은 어떤 마음가짐에서 나오는 것일까요?

깨달은이들은 그대의 말에 동의하는 동시에 동의하지 않을 것입니다. 피상적으로는 부자가 더 행복하고 당당할 것 같으나 그렇지 않습니다. 가난한 자가 더 행복하고 떳떳할 수 있습니다. 부자가 떳떳하게 살고 가난한 자는 그럴 수 없다고 생각하는 것은 고루한 관념일 뿐입니다.

일단 돈, 권력, 명예와 같은 이른바 세속적인 것으로 성공하게 되면, 그때 우리는 모든 것이 실패했음을 알게 될 것입니다. 돈은 있지만 우리의 내면은 빈곤합니다. 하나도 변한 게 없습니다. 실제로 부로 인하여 더더욱 내면의 빈곤과 공허를 깨닫게 될 것입니다. 대비에 의해 그것을 보다 잘 보게 되는 것이지요.

그래서 가난한 사람들이 부자들보다 더 만족스러운 듯이 보이기도 합니다. 가난한 사람들이 충족되어서도 아니고, 가난에 영적인 어떤 것이 있어서도 아닙니다. 하지만 가난한 사람들은 전혀 다른 이유로 인해 더 만족하는 것처럼 보입니다. 대비될 것이 없기 때문이지요.

부자가 검은 칠판에 그린 흰 선이라면 가난한 자는 흰 칠판 위에 그린 흰 선입니다.

고루한 관념을 극복해야 한다. 우리는 삶의 여러 측면에서 고루한 관념을 가지고 있습니다. 가령, 많은 사람들 앞에서 싸울 수는 있어도 사랑은 할 수 없다는 것도 고루한 관념에 속합니다. 두 사람이 싸우고 있을 때 군중이 몰려와 그들을 둘러싸고 지켜봅니다.

싸움은 용인되나 사랑은 허용되지 않습니다. 대중 앞에서 사랑을 하는 것은 음란한 일로 간주됩니다. 그러나 이런 관념은 터무니없습니다. 사랑은 음란하지만 싸움은 음란하지 않을까요. 그래서 부부는 아이들 앞에서 사랑할 수는 없지만 끊임없이 싸웁니다.

지성적으로는 사람들 앞에서 싸우는 일이 용인되어서는 안 됩니다. 폭력은 음란한 것이고, 사랑은 음란하다고 할 수 없습니다. 그러나 사람들은 사랑을 음란하다고 생각하며, 사랑을 어둠 속에 숨겨놓고 아무도 모르게 사랑을 나누라고 합니다. 도둑질 하듯이 숨을 죽이고 사랑을 하라고 합니다. 당연히 사랑을 즐길 수 없습니다. 그리고 사람들은 사랑이 무엇인지 제대로 알지도 못합니다. 더욱이 아이들은 사랑이 무엇인지 알 길이 없지요.

돈과 관련해서도 세속적인 생각은 잘못되어 있습니다. 오늘날 돈의 위력은 거의 신에 가깝습니다. 자본주의 사회에서 사람들은 마치 신을 추구하듯 돈을 추구합니다. 돈은 훌륭한 교환수단이며 매우 유용하나 그 이상의 것은 결코 아닙니다. 그것이 우리의 영혼도 아니며 신도 아닙니다. 돈의 가치에 현혹되지 말아야 합니다.

중심이 확고한 사람은 돈을 사용할 뿐, 결코 돈이 자신을 사용하도록 허용하지 않습니다. 아무 것에나 함부로 부림 받지 않는 것, 이것이 진정한 자존심입니다. 자존심이 사람을 지배한다면 그것은 에고에 불과하지만, 우리가 주인이라면 그때의 자존심은 자기 존중입니다. 자신의 존재 안에 중심을 두고 욕망에 끌려 다니지 않으려고 노력하는 사람은 자기를 존중합니다.

자기 존중이란 이런 의미입니다. '나는 나 자신을 사랑하고 존중한다. 나는 어느 누구도 부러워하지 않는 사람으로 남을 것이며, 어느 누구도 나를 모욕하도록 허용하지 않을 것이다. 나는 어느 누구에게도 아첨하지 않을 것이며, 또한 어느 누가 나에게 아첨하는 것을 즐기지도 않을 것이다.'

가난의 미학 현명하고 주의 깊은 사람은 적은 재물을 가지고도 아주 만족한 삶을 삽니다. 그들은 소박한 삶을 살면서 영적으로 더욱 건강해지는 것을 느낍니다. 그들의 평범한 삶 속에 비범함이 있고 범속한 생활 속에 신성함이 있습니다. 우리가 소유한 수많은 물건들 대부분이 꼭 다 필요한 것은 아닙니다. 이 불필요한 욕망들에 매달려 우리는 평생을 낭비하고 파산 상태로 죽을 것입니다.

만일 사는 데 꼭 필요한 것만을 적당히 가지고도 기꺼이 행복할 수 있다면 이들이야말로 진정한 지성인입니다. 창고에 불필요한 재물이 쌓여 있을 정도로 부자인 사람들은 지성적이지 못합니다. 적당한 가난, 이는 참으로 아름다운 것입니다. 웬만한 가난 속에서 편안하게 살 수 있는 사람이야말로 자유의 맛을 아는 사람입니다.

우리는 끝없는 욕망과 생각, 상상의 노예입니다. 우리는 이리저리 욕망에 끌려 다닙니다. 삶의 목적이 무엇인지 알지 못하며 방향 감각이 없습니다. 그러니 어떻게 자신의 주인이 될 수 있겠습니까.

내가 나의 주인이 되기 위해서 첫 번째로 해야 할 일은 나 자신의 행동과 생각에 대해 좀 더 의식적이 되는 것입니다. 무의식은 노예이며 의식이 주인입니다. 적당한 가난으로 만족할 줄 아는 이는 자신의 존재 안에 중심을 두려 애쓰는 사람, 욕망에 끌려 다니지 않으려고 노력하는 사람입니다. 이런 사람은 어떤 경우에도 절대로 기가 꺾이거나 아부하지 않고 당당한 자세로 살 것입니다.

돈에 사로잡히는 것은 비정상입니다. 돈은 우리에게 삶을 줄 수도 없고 아름다움을 줄 수도 없습니다. 만일 그 비정상적인 것이 만족되면, 그때 다른 비정상적인 일이 일어납니다. 많은 사람이 돈 때문에 죄를 짓고, 재물을 좇아 눈이 멀지요.

어떤 사람은 가난하기 때문에 죄를 짓지 않습니다. 오히려 편안한 마음으로 쉴 수 있을 것입니다. 어떠한 재산도 몸의 건강에 비길 수 없고, 어떠한 쾌락도 마음의 기쁨에 비길 수 없습니다.

지금 우리 사회 졸부들이 사는 모습은 참으로 가관입니다. 부자가 되면 왜 사람이 변하는 것입니까? 부자가 되면 왜 교만해지는지요? 교만하지 않으려면 어떻게 해야 되는지요?

사람들은 대부분 성숙하지 못한 채 언제까지나 유치하게 살다가 죽습니다. 그들은 결코 진실로 성장하지 못하며, 결코 성숙함을 획득하지 못하지요. 가진 것이 많을수록 성장하기는 더욱 어렵습니다. 우리는 속물적인 부자들보다 더 미숙한 인간을 발견하지 못할 것입니다.

그들의 삶은 하찮은 것들, 참으로 보잘 것 없는 것들로 둘러싸여 있어 진정한 보물에 대해서는 알 수가 없습니다. 진정한 부유함은 소유와는 아무 상관이 없습니다. 그것은 우리가 사는 방법, 우리의 삶의 질, 삶의 음악, 삶의 시와 관계가 있습니다. 다음에 세속적인 부자들이 얼마나 유치하게 살면서 교만을 부리는지 한두 예를 들어 봅니다.

예 1 찰리가 몇 년만에 처음으로 옛 친구를 찾아갔습니다. "머톤, 자네 맞아?" 찰리가 물었습니다. "자네가 엄청난 부자가 되었다고 들었네." "부인할 수 없네." 머톤이 대답했습니다. "나는 도시에 저택을 가지고 있고, 시골에도 별장이 있고, 세 대의 벤즈 자동차를 가지고 있으며, 아름다운 아내가 있고, 회사가 몇 개 있고, 썩 괜찮은 투자도 하고 있지."

"굉장하게 들리는군." 찰리가 말했습니다. "하지만 나보다 특별히 나은 게 뭔가? 우린 둘 다 먹고 마시고 잠자네, 사는 게 뭐 별건가." "그것도 사는 것인가?" 머톤이 비웃으며 말했습니다. "난 말이야, 아침에 일어나면 거창하게 아침을 먹고 베란다에 가서 눕는다네. 그리고 나서 골프를 한 라운드 치고 와서 거창한 점심을 먹는다네."

머톤은 아직도 할 말이 많이 남은 듯 침을 꿀꺽 삼키며 말을 이었습니다. "점심 뒤에는 다시 베란다에 가서 눕는다네. 마음이 내키면 운전기사에게 칵테일 파티에 가자고 하네. 저녁에도 난 거창하게 식사를 하네. 그리고 다시 베란다에 가서 눕는다네. 그러다가 영화관에 간다네. 그리고 돌아와 다시 베란다에 눕는다네."

"놀랍군. 더군다나 일은 하나도 하지 않고!" 찰리는 놀라움을 금치 못했습니다. 그날 저녁 찰리는 아내에게 머톤의 얘기를 하였습니다. 그가 머톤의 아내에 대해 말하고 있을 때 아내가 끼어들었습니다. "그의 부인 이름이 뭐죠?" "모르겠는데."라고 찰리가 대답하자 그녀가 말하였습니다. "내 생각에는 베란다인 것 같아!"

예 2 큰 저택에 새로 이사 온 여자가 이웃의 조그만 단층집에 사는 여자를 만났습니다. 이웃집 여자가 "우리 동네에 이사 온 것을 환영합니다."하고 인사를 건넸습니다. 그러자 저택에 새로 이사 온 여자가 거들먹거리며 오만한 표정으로 말했습니다. "앞으로 나를 아는 척하지 마세요. 나는 나보다 못한 사람들 하고는 얘기 안 해요."

그러자 이웃집 여자가 상냥하게 응수했습니다. "아, 그래요? 그런데 그런 사람을 만난 적이 있어요?" 우리는 세상에서 약자처럼 보이지만 강자보다 강한 모습을 보이는 지성의 용기와 지혜의 위대함에 새삼 놀라곤 합니다.

부자가 교만한 이유 부자들은 대부분 가난한 사람들의 접근을 용납하지 않으려고 긴장해서 경계합니다. 다정한 대화와 미소는 거리감을 무너뜨리기 때문에 위험합니다. 만일 우리가 길거리의 거지에게 미소를 짓는다면 거리감이 없어집니다.

그는 더 이상 거지가 아니고 친구가 됩니다. 그러면 만일 그가 배고파한다면 우리는 무엇인가 해줘야 합니다. 그러느니 미소를 짓지 않고 그냥 지나치는 편이 낫습니다. 그 경우에는 위험성이 없으므로 안전하고 훨씬 경제적입니다.

부자는 자기 주변의 가까운 사람에게도 교만하게 대합니다. 그래서 친지들은 그 앞에서 부들부들 떨고 처자도 그와 얼굴 마주하기를 두려워합니다. 그는 이들과 부드러운 관계를 가지면, 곧 염치없이 돈을 달라고 조를 것을 알기 때문입니다. 아내한테 애정 깊고 부드럽게 대하면 지출이 많아지고 아들에게도 엄격히 굴지 않으면 용돈 액수가 천정부지로 치솟을 것입니다.

사람들은 돈이 더럽다고 생각합니다. 그러나 돈은 더럽지 않습니다. 왜 돈이 더럽습니까. 항상 인간이 문제입니다. 돈은 기회를 줄 뿐입니다. 인간이 필요 이상의 돈을 소유할 때, 돈은 항상 우리가 원했지만 할 수 없었던 일을 할 기회를 줍니다. 그러나 그것으로 무엇을 해야 좋을지 우리는 정확히 알지 못합니다. 힘이 너무 강해지고 아울러 지성과 이해가 미약할 때, 그 힘은 항상 어리석은 결과를 초래합니다.

어리석음은 무의식을 뜻합니다. 그리고 무의식에서는 악이 태어날 뿐입니다. 그래서 깨달은이들은 어리석음을 피하라고 말하지 않고 경계하라고 말합니다. 지혜로운 사람은 매 걸음마다 위험이 있듯이 걷습니다. 언제라도 마음이 목소리를 높일 수 있기 때문입니다. 조금만 경계를 늦추면 마음은 순식간에 그를 사로잡아 어떤 악으로 끌고 들어가려 합니다. 부자로서 교만해지지 않기 위해서는 늘 경계하는 자세를 잃지 않아야 합니다.

부자들의 위선적인 삶 부자가 되는 것은 큰 미덕이 아닙니다. 부자가 되기 위해서는 온갖 비열한 행위와 거짓된 약속이 필요합니다. 세속적인 성공에는 폭력과 교활한 술수가 따르기 마련입니다. 그들은 지성적이 아니며, 자랑할 만한 것이 없음에도 불구하고 자기 자신에 대하여 매우 큰 자부심을 갖고 있습니다.

그들 안에 있는 모든 것이 추악합니다. 그들은 위선자입니다. 그 추악함을 드러내지 않으려 감추고 있습니다. 이것이 그들의 문화이지요. 은행 계좌에 필요 이상 많은 돈을 넣어 둔 사람은 사랑과 연민으로 넘치는 사람이 아니지요. 진정으로 사랑과 연민으로 가득한 사람은 무엇인가 위대한 일을 하기 위하여 기꺼이 자기 자신을 희생할 준비가 되어 있습니다.

그는 아름다운 장미꽃을 피우기 위하여 거름이 되기를 원합니다. 지성적인 사람이 부자가 되는 경우도 간혹 있긴 하나, 그 경우에는 돈이 그를 찾아가는 것이지, 그가 돈을 좇아가는 것이 아닙니다. 이들은 자신을 해치지 않고 남도 해치지 않으면서 자연스럽게 부자가 되는 것입니다.

그러나 억지로 부자가 된 사람들은 해야 할 일들이 너무 많아서 참된 삶을 살 시간이 없었습니다. 이들은 결코 진정으로 살아본 적이 없습니다. 그들이 소유하고 있는 것을 보지 말고 소유물들이 모두 사라진 모습으로 그 사람을 보면 빈곤함을 느낄 것입니다. 걸인이 부자일는지도 모릅니다. 진정한 삶에 관한 한, 가난한 사람이 더 부유할 수가 있습니다.

어느 면에서 부자들은 실패자입니다. 그들은 삶에 대한 이해, 모든 것에 대한 이해를 놓치고 있기 때문입니다. 그들은 거짓된 것을 위해 진실한 것을 내던져 버리며, 해변의 자갈을 위해 내면의 보석을 내던지고 있습니다. 그래서 그들은 결코 자만할 수 없으며, 따라서 부자가 교만하지 않기 위해서 갖추어야할 것은 겸손이 아니라 자신을 직시할 수 있는 지혜라 할 수 있습니다.

부자가 되는 것은 인생의 성공이 아니라 실패다. 사람은 자신을 꽃 피우지 못하면 결코 만족할 수 없습니다. 우리는 자신의 잠재된 씨앗을 꽃 피워야 합니다. 이것은 필수적입니다. 그렇지 않으면 삶은 무의미합니다. 부자는 다른 많은 것에 성공했을지도 모르지만, 그 자신에 대해서는 실패한 것입니다. 엄청난 부가 거기에 있지만 그는 실패했습니다.

그가 큰 부자가 되고 모든 사람이 그가 성공했다고 우러러보더라도 그 자신만은 자기가 실패한 인간이라는 것을 압니다. 그의 내면적인 개성은 여전히 개화되지 않은 채로 있기 때문이지요. 자아를 실현하지 못한 것입니다. 자아 실현은 인간 성장의 최고 정점을 말합니다. 거기에서만 인간은 깊은 만족을 느낄 수 있습니다.

사람의 참된 행복은 존재 깊숙한 곳에서 우러나오는 것입니다. 그러나 부자들의 행복은 그들의 내면에서 솟아나는 것이 아닙니다. 외적인 행복은 사람을 노예로 만듭니다. 그것은 인간을 의존적인 존재로 만듭니다. 사람과 사람의 자유를 파괴하는 것이 무슨 행복이란 말입니까.

> 가난하면서도 아첨하지 않는 것은 비록 어려운 일이긴 하지만, 우리의 의지에 따라서는 불가능한 것도 아닐 것입니다. 그러나 가난하면서 즐거워하기란 참으로 쉽지 않을 것 같은데, 이 경지는 어떤 것일지 궁금합니다.

이 두 가지는 전혀 다릅니다. 어느 면에서는 대조적인 성격을 지닙니다. 첫 단계 즉 아첨하지 않는 단계는 노력을 해야 합니다. 그러나 그 다음 단계 즉 즐거워하는 단계에서는 노력이 사라집니다. 첫 단계에서는 극기의 노력을 하지 않으면 안 됩니다. 그러나 둘째 단계에서는 노력을 하면 오히려 방해가 됩니다. 그러므로 처음에는 노력하는 것을 배우고 나중에는 노력을 버리는 것을 배워야 합니다. 노력할 수 없는 것이 존재하기 때문입니다.

예를 들어 꽃의 씨앗을 뿌릴 때는 노력이 필요합니다. 토양을 선택하고, 물과 비료를 줍니다. 우리는 모든 준비를 합니다. 그러나 봉오리가 피어나면 봉오리를 열어서 꽃으로 만들려고 노력할 필요가 없습니다. 식물을 돕기 위해서는 온갖 일을 다 할 수 있지만, 꽃이 피어나게 하기 위해서는 어떤 인위적인 노력도 해서는 안 됩니다. 꽃은 저절로 피어날 것입니다. 그리고 그 빛과 향기는 황홀하게 퍼져나갈 것입니다.

삶에서 고통은 소금과 같다. 가난하면서도 즐겁게 지낸다는 것은 가난을 즐긴다는 뜻이 아닙니다. 누가 가난을 즐긴단 말입니까. 그러나 가난을 비롯해서 그 어떤 것도 높은 정신의 소유자가 삶을 즐기는 데는 아무런 방해가 될 수 없다는 것입니다. 가난하면 불편한 점이 많고 고통스러운 때도 있을 것입니다. 그러나 이는 인간의 내적 성장에 도움이 될 수 있다는 점에서 뜻 있는 것입니다.

우리 삶에서 모든 고통은 소금과 같습니다. 불행은 초월하기 위해서 필요합니다. 이를 초월할 때만 기쁨과 즐거움이 있기 때문입니다. 병이 있어야만 건강이 무엇인지 알 수 있고, 속박을 경험해야만 자유의 가치를 알 수 있습니다. 그것들은 항상 쌍으로 붙어 다닙니다. 배고프지 않은 사람들은 음식을 즐기지 못합니다. 그래서 일단 음식을 먹고 난 다음에는 몇 시간 동안 굶어야만 다시 음식을 먹을 수 있는 것입니다. 삶은 변증법적입니다.

게다가 높은 차원의 행복은 내면 깊숙한 곳에서 우러나오는 것이어서 사실 외부의 재물과는 별 상관이 없기도 합니다. 외적인 행복은 사람들을 재물의 노예로 만든다는 점에서, 가난한 사람은 오히려 자유롭기도 합니다. 부자는 외부 세계에 힘써야 하기 때문에 내적인 세계로 들어갈 수 있는 길이나 시간을 찾기 힘들 것입니다.

그러나 가난한 자의 상황은 더 좋은 편이지요. 가난한 자는 외부 세계에 마음 빼앗길 것을 가지고 있지 않습니다. 그는 언제고 눈을 감고 내면으로 들어갈 수 있습니다. 수도자들이 청빈을 제일의 덕목으로 삼는 이유가 바로 이런 것입니다.

인생은 신비로운 것입니다. 우리에게 주어진 고통이나 시련은 우리 영혼에 본질적으로 필요한 것입니다. 그렇지 않으면 애초에 그것이 우리에게 주어지지 않았을 것입니다. 모든 것을 문젯거리로 만드는 것은 인간의 마음 때문에 일어나는 재앙입니다.

의식이 깬 사람은 가난을 크게 문제시하지 않습니다. 오히려 가난하게 살수록 지고 갈 짐이 더 줄어들어 하늘을 날 것처럼 가뿐하게 느껴지기도 하며, 에너지가 정화되는 것을 깨닫습니다.

이제 지구의 중력이 땅으로 끌어당길 수 없습니다. 중력이 작용하는 것은 우리가 너무 많은 짐을 지고 살기 때문입니다. 무거운 짐은 여행을 어렵게 합니다. 우리는 미지의 근원으로부터 나와 여기 이 낯선 곳에서 살다가 어느 날 갑자기 다시 근원으로 돌아갈 것입니다.

이것은 아주 짧은 여행입니다. 이 여행을 가능한 한 즐겁고 자유롭게 보내야 합니다. 그러기 위해서 필요한 것은 배낭에서 불필요한 물건들은 모두 빼내고 여행에 필수적인 것만을 가지고 가는 것, 적당히 가난하게 사는 지혜입니다.

삶을 즐기는 길 삶은 힘들게 살기 위해서 있는 것이 아니라 즐기기 위해 있는 것입니다. 만일 우리가 노래하며 춤추고 있다면 그것은 의미심장합니다. 그러나 어떤 일에 얽매여 있고 혹은 어떤 곳에 묶여 있다면 우리가 원하는 것을 언제까지나 할 수 없습니다.

나무를 보십시오. 새와 물고기를 보십시오. 존재는 모두 즐거워합니다. 모두가 그저 행복합니다. 아무 이유도 없습니다. 권력을 지녀서 행복한 것도 아니며 부와 명예를 누려서 행복한 것도 아닙니다.

그저 행복할 뿐입니다.

환희는 노력에 의해서 얻을 수 있는 것이 아닙니다. 환희는 삶의 방식입니다. 단순한 것들을 즐기며, 우리는 순간순간 환희의 상태에 있어야 합니다. 삶은 즐길 만한 기회를 수없이 많이 줍니다. 그러나 목적을 가지고 있다면 우리는 그것들을 놓치고 말 것입니다.

목적이 없다면 매 순간 환희가 되는 수많은 기회들을 갖게 될 것입니다. 곳곳에서 신이 일어나고 있고 궁극적인 것들이 쏟아져 내리고 있습니다. 그러나 우리가 목적 없이 놀 때만 그것을 볼 수 있을 것입니다.

가진 것 없어도 어린이처럼 장난도 치며 재미있게 살 수 있습니다. 달마대사의 삶에서 그런 예를 볼 수 있습니다. 그가 중국에 오는 것을 황제가 국경에서 맞았습니다. 그는 매우 기묘한 모습으로 나타났습니다. 한 쪽 발에만 신을 신고 다른 한쪽 신은 그의 머리 위에 쓰고 있었습니다. 황제가 물었습니다. "대사께서는 왜 신발을 머리에 얹고 계십니까? 거기가 대사의 발인가요?"

대사가 말했습니다. "나는 묘한 사람이오. 나는 이 신발이 내 머리 위에 있는 것처럼 매우 터무니없소. 거기엔 아무런 목적도 없소. 그것은 단지 일어났을 뿐이오. 나는 그것을 즐긴다오. 이 보잘것없는 신발은 언제나 나를 옮겨 주는데, 왜 내가 그것을 옮길 수 없다는 거요?" 이런 불합리한 진실이 우리의 삶을 즐겁게 합니다.

부자가 교만하지 않기도 여간 어려운 것이 아닌데, 이보다 더 높은 차원의 부자란 어떤 것인지 상상이 잘 되지 않습니다. 예를 좋아하는 부자란 구체적으로 어떤 사람이며, 왜 그가 그처럼 귀하게 여겨지는지요?

부자는 세 차원으로 나누어 볼 수 있습니다. 이들을 여기서 배운 한문구를 응용하여 정리하면 가장 낮은 차원의 부자는 부이교富而驕한 자이며, 그 다음이 부이무교富而無驕한 자입니다. 그리고 제일 높은 차원이 부이호례富而好禮한 자입니다. 이들 각 차원에 해당하는 예들을 살펴보겠습니다.

세 차원의 부자의 예 미국의 자동차 왕인 헨리 포드가 영국에 왔을 때의 일입니다. 공항 안내소에서 그는 그 도시에서 가장 싼 호텔을 물었습니다. 안내원이 그를 바라보았습니다. 그는 널리 알려진 부자였습니다. 그런데 낡은 코트를 입고 값싼 호텔을 찾고 있는 것이었습니다. 안내원이 말했습니다. "나는 당신의 아들이 이곳에 온 것도 보았습니다. 그는 항상 가장 좋은 호텔을 찾았고 최고급의 옷을 입고 옵니다."

헨리 포드가 말했습니다. "맞습니다. 내 아들의 행동은 전시적입니다. 아직 성숙하지 않았으니까요. 나에게는 값비싼 호텔에 묵어야 할 필요가 없습니다. 나는 어디에 머물든 헨리 포드입니다. 가장 값싼 호텔에서도 나는 헨리 포드이며, 그런 것이 어떤 차이를 만들진 않습니다. 그리고 어떤 옷을 입든 또한 아무 차이가 없습니다. 나는 비싼 옷이 필요 없습니다. 내가 벌거벗고 서 있다 해도 나는 헨리 포드입니다."

부자의 내면 세계가 진정으로 부유하다면 그는 과시하는 것에 관심이 없습니다. 그러나 아직 그의 창고에는 많은 물건들이 쌓여있으며 그 힘에 의존하고 있습니다. 여기서 한 걸음 더 나아가 창고마저 비우거나, 혹은 이를 버리고 떠나가는 일이 일어날 수 있습니다.

이러한 변화는 저절로 찾아올 것입니다. 이런 것은 연습을 통해서

되는 수준을 넘어섭니다. 우리가 할 수 있는 것이라고는 이들의 의미가 무엇인지 각성하는 것이 전부입니다. 각성하게 되는 순간, 우리의 전체 삶, 삶 전체의 방식이 바뀔 것입니다.

부처는 넘쳐나게 풍족한 왕자로 태어났지만, 궁궐을 떠나 거지가 되었습니다. 더 높은 차원에서 부자로 살기 위해서였지요. 헨리 포드의 아들과 헨리 포드 자신, 그리고 부처는 세 차원의 부자들이 각기 어떠한지 잘 보여줍니다.

수양과 자각 예를 마지못해 지키는 것과 예를 좋아하는 것은 차원이 다릅니다. 자각 없이 수양만 하면 예를 지킬 수는 있어도 속으로는 갈등을 느끼며 위선자가 되기 쉽습니다. 그는 아무에게도 해를 입히지 않을지도 모릅니다. 그러나 그만의 진실한 삶을 살지 못할 것이며, 그 삶에는 아무 기쁨도 향기도 없을 것입니다.

이에 대해서 예를 좋아하는 것은 자각을 통해 자신의 가치와 함께 남의 가치도 존중할 줄 알며, 이웃을 친구로 만드는 것입니다. 이웃은 우연히 우리 곁에 살고 있을 뿐입니다. 그러나 친구는 의식적인 선택입니다. 우정은 우연한 것이 아닙니다. 우정이 하나의 축제가 될 정도로 친구를 사랑하는 것입니다.

그러나 어느 정도 자각을 이루었다고 해도 처음에는 그것만으로 충분치 않습니다. 왜냐하면 마음은 낡은 패턴에 따라 움직일 기회만 있으면 쏜살같이 달려가기 때문이지요. 교만을 부리는 데는 시간이 걸리지 않습니다. 우리가 자각할 때쯤이면 이미 거만한 마음이 드러난 뒤의 일입니다.

그러나 우리가 전체적으로 깨어 있게 되면, 자각의 불꽃이 언제나 꺼지지 않고 우리와 함께 있게 되면 어떤 일이 일어나기에 앞서서 자각의 빛이 존재합니다. 교만한 마음이 인다 해도 그에 앞서서 자각이 존재합니다.

이런 자각이 호흡처럼 자연스러운 것이 되어서 잠 속에서도 깨어 있게 되었을 때는 더 이상 수양을 하지 않아도 됩니다. 그러나 처음에는 안 됩니다. 자각의 불꽃을 지피기 시작하는 초기 단계에는 수양이 필요합니다. 수양이란 에너지가 잘못된 패턴에 따라 흐르지 않도록 올바른 길을 새로 내는 작업입니다.

진정한 부자의 태도 부자들은 이따금 놀랄만한 거금을 사회에 희사하고 수시로 각종 의연금을 경쟁적으로 많이 냄으로써 자신이 우월한 존재임을 과시합니다. 그러나 이들의 기부 행위는 일종의 의무이지 사랑이 아니지요. 사랑은 의무와 상관없습니다. 의무는 짐이며 형식입니다. 사랑은 형식이 필요 없습니다. 사랑은 기쁨이며 나눔입니다.

사랑하는 사람은 충분하다고 느끼지 않습니다. 언제나 더 많이 주려고 합니다. 사랑하는 사람은 결코 은혜를 베풀었다고 생각지 않습니다. 오히려 '내 사랑이 받아들여졌으므로 나는 은혜를 입었다. 거절하지 않고 내 선물을 받아주었으므로 그 사람은 나에게 은혜를 베풀었다.'고 생각합니다.

이것이 진정한 부자의 태도입니다. 그러나 의무감에 사로잡힌 사람은 이렇게 생각하기 일쑤입니다. '나는 우월하고 희생적이다. 내가 사람들에게 봉사하는 것을 보라.'

부자가 진심으로 선한 일을 하기 위해서는 먼저 너그러워져야 합니다. 그러나 부자는 결코 너그러운 사람이 아닙니다. 부유하면서 마음이 넉넉하기란 참으로 어려운 일이지요. 가난한 자는 항상 마음이 너그럽고, 부유한 자는 절대로 그렇지 못합니다. 만일 부유한 사람이 너그럽다면 혁명이 일어난 셈입니다.

부유한 자는 부유함이 부질없음을 깊이 터득한 경지에 이르러야만 비로소 너그러워집니다. 그러면 자신이 너무 많이 가진 것을 알고 되도록이면 나누어주려고 할 것입니다. 나눔으로써 타인을 돕는 것이 아니라 그 자신이 성장하는 것입니다. 나누면 나눌수록 그는 더 성장할 것입니다. 그가 가진 것을 나눌 때 그는 더욱 넉넉해지고 더욱 행복해집니다.

축적만 하는 사람은 결코 행복하지 않습니다. 그는 변비에 걸려 있기 때문입니다. 자기가 번 것을 죄다 축적만 하고 그것을 즐기지 못합니다. 그것을 즐기기 위해서는 나누어야 합니다. 나눌 때 비로소 즐길 수 있기 때문입니다. 기쁨은 항상 나눔 속에 있습니다. 그리고 그 나눔의 뿌리는 사랑입니다. 진정한 부자는 그가 가지고 있는 많은 돈보다 더 많은 사랑을 가진 사람입니다.

절차탁마切磋琢磨는 사전에는 '옥이나 돌 따위를 갈고 닦아서 빛을 낸다는 뜻으로, 부지런히 학문과 덕행을 닦음을 이르는 말'이라고 풀이되어 있는데, 이 구절에서는 문맥상으로 꼭 맞는 것 같지 않습니다. 여기서는 어떤 뜻으로 쓰였는지요?

사전의 풀이는 원래의 뜻이 변해서 후대에 관습적으로 굳은 용법을 밝힌 것이며, 여기서는 원래의 뜻을 비유적으로 사용한 것입니다. 즉 절차切磋는 뼈나 뿔을 가지고 작업할 때 먼저 잘라 토막을 낸切 뒤에 그것을 줄로 갈아 다듬는 것磋을 말합니다.

그리고, 탁마琢磨는 옥석으로 보석을 만들 때 처음에 끌로 쫀琢 뒤에 그것을 곱게 가는 것磨을 의미하는 것으로, 이는 사람들의 부富에 대한 이해가 어떻게 단계적으로 발전할 수 있는지 비유적으로 보여줍니다.

자공은 자신의 내면에 형성된 부와 관련한 통찰을 내비침으로써 내심 스승의 동의나 칭찬을 기대했지만, 공자는 이에서 한 단계 더 나아가 자공이 모르는 경지를 일깨워줍니다. 이것은 단순히 가르침이 아닙니다. 이것은 지극히 현명한 수준에 이른 스승이 도달한 체험이며 그 체험의 나눔입니다.

중요한 것은 스승의 가르침이 아니라, 스승이 어떠한 존재냐 하는 것이지요. 바로 그의 현존이 하나의 커다란 사건이며, 그것이 사람을 성장하도록 돕습니다. 제자는 일상의 체험 속에서 스승을 살아야만 하는 것입니다.

자공은 과연 그 스승의 그 제자답게 허를 찔림에 의하여 의기소침하기는커녕 이 경우에 알맞은 시구를 인용함으로써 스승의 현존에 화답합니다. 이런 사제 관계는 매우 친밀하고 아름다워 연인들의 사랑과도 같습니다. 훌륭한 사제 관계는 태양과 해바라기의 관계에 비유됩니다.

태양은 해바라기에게 적극적으로 무엇을 해주지 않고, 다만 그곳에 있음으로써 소극적으로 그의 성장에 촉매작용을 할 뿐입니다. 그러나 해바라기는 언제나 태양을 그리워하며 꾸준히 성장합니다. 그래서 해바라기는 제자를 상징합니다. 자공은 해바라기와 같은 제자임에 틀림없습니다.

삶은 3층으로 이루어진 건물이다. 여기서 가난한 자와 부자의 모습을 세 단계로 나누어 이것을 옥석으로 비유해보면, 빈이첨貧而諂과

부이교富而驕는 옥석의 자연 상태에 해당하며, 빈이무첨貧而無諂과 부이무교富而無驕는 옥석을 쫀 상태이며, 빈이락貧而樂과 부이호례富而好禮는 그것을 곱게 갈고 닦아 보석으로 완성한 것으로 볼 수 있습니다.

이런 세 차원은 우리가 어떻게 삶을 점진적으로 발전시킬 수 있는 지 생각하게 합니다. 빈이락貧而樂과 부이호례富而好禮는 가장 높은 차원의 삶입니다. 여기서는 세속적인 것이 그렇게 중요시되지 않으며, 사람들은 물질적 구속으로부터 벗어나 본질적 가치의 아름다움에 침잠합니다.

첫 번째 차원은 빈이첨貧而諂과 부이교富而驕입니다. 아무런 수양도 없이 에고로 가득 찬 사람들은 세속적인 것들을 위해 인생 전체를 헛되이 낭비합니다. 그리고 빈이무첨貧而無諂과 부이무교富而無驕는 오랜 수양을 통해 에고를 상당히 극복하기는 했으나 삶의 절정까지는 아직 많이 남아 있으며, 계속 정진함으로써 언젠가는 깨달음을 통해 궁극에 도달할 것을 믿습니다. 인간의 삶은 3층으로 이루어진 건물입니다.

대부분의 사람들은 1층에서 무의식적으로 살고 있습니다. 그들은 다른 사람들이 그렇게 살고 있기 때문에 자신들도 그렇게 삽니다. 그러나 인류의 스승들은 삶의 모든 분위기 속에서 살 것을 권합니다. 그것들은 모두 우리의 성장에 기여할 그 무엇을 지닙니다. 1층의 낮은 차원의 기쁨으로 한정하지 말고 삶의 여러 차원을 탐구하는 것이 좋습니다.

가능한 한 다원성을 허락하고 풍부하게 사는 것이 좋습니다. 그렇지 않은 한 삶은 여전히 불완전할 수밖에 없습니다. 그때 우리는 깊은 좌절과 욕구불만 속에 남게 됩니다. 우리가 궁극에 닿을 때, 비로소 만족과 평화와 침묵이 존재합니다.

그러나 3층만으로도 역시 완전하지 않습니다. 우리는 내면에서만 살 수가 없기 때문입니다. 우리는 빵이 필요하고 옷이 필요합니다. 1층에서만 제공할 수 있는 많은 것이 필요하기 때문입니다. 진리는 그 두 극단의 중간쯤에 있습니다. 그 둘 모두 볼 수 있는 그 가운데서 통합을 이루는 것이 정상입니다.

논어의 혼 1
오랜 잠에서 깨어날 것인가

초판 1쇄 인쇄일	ㅣ	2022년 11월 7일
초판 1쇄 발행일	ㅣ	2022년 11월 15일

지은이	ㅣ	성낙희 · 김상대
펴낸이	ㅣ	한선희
편집/디자인	ㅣ	우정민 김보선
마케팅	ㅣ	정찬용 정구형
영업관리	ㅣ	한선희
책임편집	ㅣ	우정민
인쇄처	ㅣ	으뜸사
펴낸곳	ㅣ	국학자료원 새미(주)

등록일 2005 03 15 제251002005000008호
경기도 고양시 일산동구 중앙로 1261번길 79 하이베라스 405호
Tel 4424623 Fax 64993082
www.kookhak.co.kr
kookhak2001@hanmail.net

ISBN	ㅣ	979-11-6797-078-7 *03140
가격	ㅣ	19,000원